Fiches de cours
et exercices corrigés

L'essentiel de l'introduction au droit

2e édition

Jérôme Aubert
Agrégé d'économie et gestion
Enseignant à l'IUT de Dijon

ellipses

Retrouvez tous les titres de la collection « **Fiches** »
sur http://www.editions-ellipses.fr

ISBN 9782340-024496

32, rue Bargue 75740 Paris cedex 15

www.editions-ellipses.fr

Sommaire

Fiche 1
Introduction : nature et domaine du droit

1. Les différents sens du mot droit
2. Les fondements du droit
3. Finalité du droit

- **Objectif :** Savoir ce qu'est le droit et quelle est son utilité
- **Prérequis :** Aucun
- **Mots-clefs :** Droit ; société ; individu ; État

1. Les différents sens du mot droit

Le mot droit est très fréquemment utilisé dans nos conversations. Les dictionnaires y consacrent une longue entrée, en indiquant plusieurs définitions. Pour le petit Larousse (édition 2005) il s'agit ainsi de la « faculté d'accomplir ou non quelque chose, d'exiger quelque chose d'autrui en vertu de règles reconnues, individuelles ou collectives ». Mais c'est aussi, dans le même dictionnaire, « ce qui donne une autorité morale, une influence », tout en étant encore un « ensemble de principes qui servent les rapports des hommes entre eux et qui servent à établir des règles juridiques ». Un peu plus loin, ces mêmes règles servent de définition au droit, puisqu'il est « l'ensemble des règles juridiques en vigueur dans une société ».

Cette polysémie ne peut satisfaire le technicien du droit. S'agit-il d'un corpus de règles abstraites, écrites ou orales, ou bien s'agit-il des prérogatives données personnellement à un individu désigné ? S'agit-il de règles imposées par une autorité extérieure ou bien s'agit-il de règles intériorisées par chacun d'entre nous en fonction de sa morale ou de ses convictions religieuses ?

Un point commun se dégage néanmoins de cette première approche : pour le juriste, le droit sera **une ou des règles**. Il n'est cependant pas qu'une liste de règles. C'est aussi la façon de les utiliser, c'est-à-dire l'ensemble des techniques utilisées par les praticiens pour les appliquer.

Le droit est alors un **langage particulier**. Dans ce jargon, certains mots sont aussi utilisés par le vocabulaire courant mais sont dangereux pour le profane car ils ont une signification technique bien précise pour le juriste. C'est, par exemple, le cas du mot conclusion, qui désigne pour le juriste un acte de procédure par lequel, devant une juridiction, un demandeur exprime ses demandes et un défendeur ses moyens de défense. Nous sommes bien loin du langage courant dans lequel une conclusion termine un raisonnement. Le droit utilise aussi des termes inconnus du vocabulaire quotidien : il est peu courant d'indiquer à un commerçant que les achats que l'on est en train de payer constituent un contrat synallagmatique.

Le droit est aussi un **raisonnement**. Il est illusoire de prétendre créer une règle correspondant à chacune des situations concrètes que la vie peut produire. Comment, alors, interpréter les règles existantes pour faire face à des situations nouvelles ? Par exemple, la loi sur la liberté de la presse de 1881 s'applique-t-elle aux propos tenus sur internet ?

Pour certains, les partisans de **l'école de l'exégèse**, il faut s'en tenir à la lettre de la règle, et à défaut à la volonté que son auteur a voulu exprimer.

Cette approche a été combattue, parce que trop rigide, par les partisans de **l'école de la libre recherche scientifique**. Le doyen Gény a ainsi affirmé que la pratique du droit et l'interprétation des règles existante peuvent devenir créatrice de droit, au-delà des seuls textes écrits.

2. Les fondements du droit

Quelle est la justification des règles de droit ? La question est sujette à controverse et deux ensembles de thèses s'opposent :

Pour les **théories du droit naturel**, il existe un équilibre intuitif de la nature, qui est préexistant au droit. Le droit n'est que la reprise de cet équilibre naturel. Le droit des hommes est alors subordonné à ce droit naturel, puisque c'est ce dernier qui fonde la règle de droit et qui lui donne son autorité. La règle de droit acquiert sa légitimité dans le droit naturel qui la sous-tend.

Ces théories trouvent leur origine dans l'antiquité avec Aristote et au Moyen Âge avec saint Thomas d'Aquin. Elles ont été complétées par Hugo de Groot, dit Grotius au XVIIe siècle puis plus récemment par l'allemand Stammler et le français Gény à la fin du XIXe et au début du XXe siècle.

D'autres théories considèrent que **le droit est un fait de société**, indépendant d'un quelconque ordre naturel. Ce qui est important, c'est le droit décidé par des hommes et appliqué à des hommes. Ces règles de droit acquièrent leur légitimité d'elles-mêmes, elles tirent leur puissance de la société qui les construit.

Les juristes allemands Ihering (1818-1892) et austro-américain Kelsen (1881-1973) illustrent cette autonomie de la règle de droit. Le juriste français Duguit (1859-1928) s'inspire des travaux des sociologues Durkheim et Comte pour avancer que la règle de droit est le produit de l'ensemble des individus qui constituent une société : une règle existe parce que l'ensemble des individus souhaite qu'elle existe, parce qu'elle est bénéfique à l'ensemble du groupe.

3. Finalité du droit

Les règles de droit ont pour objectif de permettre la vie en société. Il s'agit d'organiser les relations des individus entre eux ainsi qu'avec les institutions sociales. L'absence de règle aboutit à une société dans laquelle l'individualisme et la satisfaction des égoïsmes individuels donne le pouvoir aux plus puissants et ne garantit pas l'intérêt du plus grand nombre.

Par exemple, l'obligation faite à un véhicule de s'arrêter lorsque les feux tricolores passent au rouge est imposée par la volonté de fluidifier la circulation à un carrefour et de permettre le passage de tous. Elle restreint temporairement la liberté de circulation de celui qui stoppe mais permet le passage d'un plus grand nombre de véhicules dans le même temps.

Les règles de droit ont aussi pour objectif de protéger

C'est tout d'abord **protéger l'individu contre lui-même**, fût-ce en restreignant sa liberté. C'est le cas, par exemple, de la règle fixée dans l'article 16-1 du Code civil qui interdit les contrats passés sur le corps humain, ses éléments et ses produits. Quel que soit l'état de nécessité dans lequel se trouve un individu, son intégrité corporelle est garantie par l'impossibilité pour lui de vendre des parties de sa personne.

C'est ensuite **protéger l'individu contre les autres.** On retrouve ici la volonté qu'à la règle de droit d'organiser la vie en société. Ainsi que l'a dit Lacordaire en 1848, « entre le fort et le faible, entre le riche et le pauvre, entre le maître et le serviteur, c'est la liberté qui opprime et la loi qui affranchit » : le droit protège le faible contre le fort. C'est, par exemple, le cas de la règle qui interdit le vol et le sanctionne d'une peine de prison et/ou d'amende : même si sa puissance le lui permet, un individu ne peut pas s'approprier le bien de plus faible que lui. La puissance publique garantit l'effectivité de cette règle.

C'est enfin **protéger l'individu contre la société.** Le droit protège contre l'arbitraire des institutions qui gouvernent une société. Les règles de droit s'appliquent alors, dans une société démocratique, aussi bien aux individus qu'aux institutions qui voient ainsi leur pouvoir limité par des règles préalables connues de tous. Un exemple en est donné par la Constitution, texte qui fixe l'organisation des pouvoirs publics et en limite les prérogatives. Ainsi, ce texte fixe les modalités de l'élection du président de la République, fixe le contenu et l'étendue de ses pouvoirs. Quelle que soit la personne qui occupe la fonction, la règle constitutionnelle encadre ses prérogatives.

QUESTIONS

1. L'article 2355 du Code civil indique que « le nantissement est l'affectation, en garantie d'une obligation, d'un bien meuble incorporel ou d'un ensemble de biens meubles incorporels, présents ou futurs ». L'article 2356 du Code civil indique que « à peine de nullité, le nantissement de créance doit être conclu par écrit ».

Quels mots vous paraissent dangereux car pouvant avoir un sens différent entre le vocabulaire courant et le vocabulaire juridique ?

Quels mots vous paraissent spécifiques au vocabulaire juridique ? Comment pouvez-vous en trouver la définition ?

2. Pour chacune des règles ci-après, indiquez quel est son objectif :

- Article 542 du code de procédure civile : « L'appel tend à faire réformer ou annuler par la cour d'appel un jugement rendu par une juridiction du premier degré ».

- Article 907 du Code civil : « Le mineur, quoique parvenu à l'âge de seize ans, ne pourra, même par testament, disposer au profit de son tuteur [...] ».

- Article L 1152-2 du Code du travail : « Aucun salarié, aucune personne en formation ou en stage ne peut être sanctionné, licencié ou faire l'objet d'une mesure discriminatoire, directe ou indirecte, notamment en matière de rémunération, de formation, de reclassement, d'affectation, de qualification, de classification, de promotion professionnelle, de mutation ou de renouvellement de contrat pour avoir subi ou refusé de subir des agissements répétés de harcèlement moral ou pour avoir témoigné de tels agissements ou les avoir relatés. ».

- Article L 1155-2 du Code du travail : « Sont punis d'un an d'emprisonnement et d'une amende de 3 750 € les faits de discriminations commis à la suite d'un harcèlement moral ou sexuel définis aux articles L. 1152-2 [...] du présent code. [...] ».

- Article 16-10 du Code civil : « L'examen des caractéristiques génétiques d'une personne ne peut être entrepris qu'à des fins médicales ou de recherche scientifique. [...] »

- Article 16-5 du Code civil : « Les conventions ayant pour effet de conférer une valeur patrimoniale au corps humain, à ses éléments ou à ses produits sont nulles. ».

- Article 62-2 du code de procédure pénale : « La garde à vue est une mesure de contrainte décidée par un officier de police judiciaire, sous le contrôle de l'autorité judiciaire, par laquelle une personne à l'encontre de laquelle il existe une ou plusieurs raisons plausibles de soupçonner qu'elle a commis ou tenté de commettre un crime ou un délit puni d'une peine d'emprisonnement est maintenue à la disposition des enquêteurs. Cette mesure doit constituer l'unique moyen de parvenir à l'un au moins des objectifs suivants : [...]

3° Empêcher que la personne ne modifie les preuves ou indices matériels ;

4° Empêcher que la personne ne fasse pression sur les témoins ou les victimes ainsi que sur leur famille ou leurs proches ; [...] »

SOLUTIONS

1. De nombreux mots de ces deux articles existent dans le langage courant mais ont aussi un sens technique très précis pour les juristes : obligation (lien de droit entre deux personnes, voir fiche n° 24), meuble (type de chose soumise à un régime juridique spécifique, s'opposant aux immeubles, voir fiche n° 23), nullité (disparition d'un acte pris en violation d'une règle de droit. Elle est en principe rétroactive). De même, l'écrit à une signification bien particulière en droit (voir fiche n° 17) : ce n'est pas n'importe quel document imprimé et ce peut être un document sous forme électronique.

D'autres mots sont spécifiques au vocabulaire juridique : le nantissement, la créance (même si ce dernier mot est utilisé dans le vocabulaire courant avec la même signification qu'en droit).

La définition du nantissement est donnée dans l'article 2355. C'est donc le code lui-même qui définit les termes qu'il utilise. La compréhension de cette définition suppose cependant de connaître de nombreuses autres notions. Il faut alors utiliser des dictionnaires spécialisés (voir bibliographie).

2. Objectifs de la règle de droit :

Art. 542 c. proc. civ.	Protéger l'individu contre la puissance publique. L'individu peut contester une décision de justice le concernant.
Art. 907 c. civ.	Protéger l'individu contre lui-même (le mineur pouvant ne pas avoir conscience de ses actes se verra interdire un comportement potentiellement dangereux pour lui) et éventuellement contre autrui (l'influence du tuteur).
Art. 1152-2 c. trav.	Protéger l'individu contre autrui. Cet article pose le principe de l'interdiction du harcèlement moral dans le cadre d'une relation de travail.
Art. 1155-5 c. trav.	Protéger l'individu contre autrui. Cet article précise quelle est la sanction en cas de non-respect de l'interdiction du harcèlement moral. Il s'agit d'une sanction pénale : l'effectivité de la protection contre autrui est assurée par la puissance publique qui peut condamner à une amende.
Art. 16-10 c. civ	Protéger l'individu contre autrui (l'employeur, l'assureur...), et contre la puissance publique (fichages policiers). Il faut noter dans ce dernier cas qu'un autre texte autorise le fichier policier des empreintes génétiques. Le principe de protection des libertés individuelles posé dans le Code civil est alors abandonné devant un objectif de protection de l'ordre public et d'efficacité policière.
Art. 16-5 c. civ.	Protéger l'individu contre lui-même. Ce texte prohibe les contrats (notamment la vente) d'éléments du corps humain, même si la personne concernée y consent.
Art. 62-2 c. proc. pénale	Protéger l'individu contre la puissance publique. Une mesure restrictive liberté telle que la garde à vue ne peut être décidée que dans certains cas et conditions limitativement énumérés par la loi.

Première partie

Le droit objectif

Dans une première approche, le droit sera étudié comme un ensemble de règles abstraites, générales et impersonnelles. Cet ensemble de règles constitue **le droit objectif**.

Ce sont ces règles que l'étudiant doit mémoriser, que le praticien doit connaître, que le magistrat doit mettre en œuvre... Elles sont, en principe, écrites : une loi publiée au journal officiel de la République française ; un arrêté municipal, interdisant la circulation dans une rue à l'occasion de la fête du village placardé à la porte de l'hôtel de ville et affiché sur la barrière interdisant l'accès à la rue concernée.

Elles peuvent être regroupées dans des codes, qui ont pour objectif de récapituler en un seul document, structuré et organisé, toutes les règles d'origines diverses concernant une matière particulière. Le Code civil est le plus ancien et le plus connu, mais il existe, à côté de lui, environ soixante-dix codes dans des domaines très variés, du plus large au plus spécifique : le Code pénal, le Code du travail, le Code de commerce... mais aussi le code du cinéma et de l'image animée, ou le code des douanes de Mayotte...

Les règles du droit objectif présentent des caractères particuliers, qui permettent de les distinguer d'autres règles sociales (fiche n° 2). Elles constituent le droit tel qu'il est étudié dans les Facultés de droit, divisé en branches (fiche n° 3). Il faut ensuite aborder l'organisation des pouvoirs publics, tant nationaux (fiche n° 4) qu'internationaux (fiche n° 5) puisque ce sont eux qui ont, en principe, le monopole de la création du droit. Cela permettra de préciser quelles sont les différentes catégories de règles de droit (fiche n° 6) et comment elles s'articulent entre elles (fiche n° 7). Enfin, sera étudiée la façon dont sont réglés les conflits entre règles de droit incompatibles, tant dans le temps (fiches n° 8) qu'entre pays différents (fiche n° 9).

Fiche 2
La règle de droit

- **Objectif:** Savoir ce qu'est une règle de droit et pouvoir la distinguer de règles voisines qui ne sont pas du droit
- **Prérequis:** Fiche 1
- **Mots-clefs:** Règle de droit; droit objectif; droit subjectif; origine étatique; coercition

Du précédent chapitre, il ressort que le droit, tel qu'il est compris par les juristes, est défini comme un ensemble de règles destiné à organiser la vie en société. Ces règles abstraites, les règles de droit, forment le **droit objectif** (au singulier).

1. Le droit objectif: les règles de droit

Pour qu'une règle s'insère dans l'ordre juridique et puisse être qualifiée de droit objectif, elle doit respecter certains critères.

A. La règle de droit est abstraite

Elle est prévue pour être potentiellement applicable à un nombre indéterminé de situations concrètes et elle s'y applique dès que les conditions de sa mise en œuvre sont remplies.

Cela signifie tout d'abord qu'elle est **impersonnelle**, qu'elle a vocation à s'appliquer à des individus qui ne sont pas nommément désignés. Cela ne signifie pas qu'une règle de droit concerne systématiquement tous les individus ou un grand nombre. Une règle de droit peut ne concerner qu'une seule personne. C'est par exemple le cas des articles de la Constitution qui fixent les pouvoirs du Président de la République : il n'y a qu'un Président de la République à un instant donné, mais la règle ne concerne pas un individu particulier, elle concerne, de façon abstraite, la fonction de Président de la République.

Cela signifie aussi qu'elle s'applique de façon **uniforme sur l'ensemble du territoire français.** Là encore, cela ne signifie pas qu'une règle ne puisse être modulée en fonction des situations géographiques. Une limitation de vitesse peut, par exemple, s'appliquer à l'ensemble des routes d'une certaine catégorie (50 km/h en agglomération). Elle peut aussi ne concerner qu'une portion de route qui sera alors indiquée dans le texte la définissant : un arrêté municipal limitant la vitesse à 30 km/h dans une rue particulière. Ce principe d'uniformité connaît en outre des exceptions dans les départements et pays ou collectivités d'outre-mer (voir la fiche n° 9 : principe d'identité législative et de spécialité législative).

Cela signifie enfin qu'elle est **permanente.** Elle s'applique automatiquement dès que les formalités nécessaires à son existence sont accomplies et elle continuera à s'appliquer tant qu'elle n'aura pas été abrogée, c'est-à-dire volontairement et clairement supprimée.

B. La règle de droit est d'origine étatique

Elle est **prise par une autorité publique.** Ce critère permet souvent de la distinguer des règles morales ou religieuses. La règle morale est en effet intérieure à l'individu et n'est fixée que par la conscience de chacun. La règle religieuse est édictée par des autorités religieuses qui représentent des intérêts privés et ne sont pas liées, dans un État laïc comme la France, aux pouvoirs publics.

Ce critère n'est cependant pas suffisamment discriminant pour savoir si une règle peut être qualifiée de règle de droit. Il est en effet possible de rencontrer des organismes privés auxquels l'État a conféré la possibilité d'édicter des règles intégrées dans l'ordre juridique. Ce peut, par exemple, être le cas d'ordres professionnels (ordre des médecins par exemple) qui fixent une réglementation applicable à leurs membres. Cette réglementation d'origine privée peut être considérée comme une règle de droit parce que l'ordre professionnel a, en quelque sorte, agi sur délégation de l'État.

C. La règle de droit est coercitive

Son non-respect sera **sanctionné par la puissance publique.** Elle est **obligatoire,** ce qui est cohérent avec sa finalité d'organisation de la vie sociale et de protection : créer une règle dont le non-respect n'est assorti d'aucune sanction n'est d'aucune utilité et ne protège pas de l'anarchie que le droit cherche justement à éviter.

C'est ce critère, plus que les deux précédents, qui singularise la règle de droit. Le non-respect d'une règle morale est sanctionné par le regard des autres ou par sa mauvaise conscience. Cette sanction reste virtuelle et psychologique. Le non-respect de la règle religieuse sera sanctionné par le regard des autres ou celui de la divinité. Il peut aussi être sanctionné par l'exclusion de la communauté de croyants. Cette sanction est d'ordre privé et est indifférente à la puissance publique, qui n'en garantit pas l'exécution.

Il en est de même dans d'autres groupements privés qui possèdent aussi leurs règles propres. Une association à but non lucratif (sportive, culturelle...) a ses statuts et éventuellement un règlement intérieur. Le non-respect des règles contenues dans ces documents peut être sanctionné : la suspension du droit de vote aux assemblées, l'exclusion de l'association... Cette sanction est d'ordre privé, elle est indifférente à la puissance publique qui n'en garantit pas l'exécution.

Est donc une règle de droit, et elle seule, la règle dont le non-respect est sanctionné par l'État. C'est cette coercition exercée par la puissance publique qui en est le critère primordial. Ce critère est cependant discuté et n'est pas parfait.

Dans certains cas, l'État délègue en effet le pouvoir de sanctionner à des organes qui ne font pas parti de la puissance publique. C'est le cas, par exemple, des ordres professionnels qui, comme cela a été indiqué plus haut, peuvent non seulement édicter certaines règles, mais aussi en décider et assurer la sanction. Ainsi, c'est le conseil de l'ordre des avocats qui, saisi par son bâtonnier, exerce le pouvoir disciplinaire de la profession. On peut cependant noter que cette critique est toute relative. Si un ordre professionnel exerce le pouvoir disciplinaire, c'est tout de même sur délégation et sous le contrôle de l'État.

Plus délicate est la critique selon laquelle l'État crée des règles de droit mais ne crée pas la sanction qui en assure l'effectivité. L'hypothèse de droits consacrés par la loi sans qu'une sanction ne soit prévue n'est pas que théorique. Il s'agit souvent de lois destinées à afficher une volonté politique, sans réelle portée juridique.

La sanction sera décidée par une autorité étatique (l'Administration de la justice). La règle de droit est alors celle dont l'application est décidée par un tiers : le juge (critère avancé par le doyen Carbonnier).

2. Les catégories de sanction

Puisque, malgré ses imperfections, le critère principal permettant de distinguer la règle de droit des règles morales, religieuses, de bienséance... est l'existence d'une sanction exercée par l'autorité judiciaire, il importe de préciser ce que peut être cette sanction.

A. La sanction-punition

C'est celle qui vient immédiatement à l'esprit: sanctionner équivaut à punir. Ce type de sanction ne concerne pourtant qu'une partie des règles de droit: les infractions pénales. Ces règles ont une telle importance pour la société que le droit veut en garantir l'effectivité et en prévenir la transgression par **l'emprisonnement**, **l'amende**, la suspension du permis de conduire, la confiscation...

B. La sanction-exécution

Sanctionner, ce n'est pas que punir. Le bénéficiaire (créancier) d'un contrat mal exécuté par celui qui s'est engagé (débiteur) n'a aucun intérêt à ce que ce débiteur soit condamné à une amende. En effet, dans le cas d'une sanction pénale, le montant de l'amende ne va pas dans la poche du créancier mais dans les caisses de l'État.

D'autres types de sanction ont alors pour objet de forcer celui à qui la règle de droit demande de faire ou ne pas faire quelque chose à respecter cette règle. Ainsi, le créancier malheureux demande au juge de constater la mauvaise exécution du contrat et de condamner le débiteur à respecter ses engagements. Si, malgré cela, le débiteur persiste dans son refus, il est possible de recourir à l'exécution forcée du contrat. On parle alors de « **voies d'exécution** » pour désigner cette branche du droit.

Cette exécution forcée peut prendre deux formes. Dans le cas d'une obligation de payer une somme d'argent, il s'agit d'une **saisie** des biens du débiteur assortie de leur vente forcée. Le créancier est payé sur le produit de cette vente. Dans le cas d'une obligation de faire ou de ne pas faire (assurer une prestation, ne pas faire concurrence...), le juge peut condamner à une **astreinte**, c'est-à-dire au paiement d'une somme d'argent par jour de retard dans l'exécution du contrat.

C. La sanction-réparation

Dans certains cas, ni la sanction-punition, ni la sanction-exécution, ne sont d'un grand intérêt pour le justiciable. Si le bijoutier qui a promis la livraison des alliances pour la veille de la cérémonie de mariage ne respecte pas sa promesse, les nouveaux époux ne verront probablement aucun intérêt à ce que, forcée par le juge, la livraison intervienne plusieurs semaines après leur union.

Ils peuvent, par contre, estimer que le retard dans la livraison leur a causé un préjudice et la sanction-réparation a pour objectif d'effacer ce dommage. Le bijoutier est alors condamné au versement de **dommages-intérêts**. C'est cette technique qui est notamment utilisée pour réparer des dommages corporels ou moraux, conséquences de la mauvaise exécution d'un contrat ou d'un accident.

D. La sanction-inhibition

Une variante de la sanction-réparation est la sanction-inhibition. Il s'agit non pas de compenser par l'octroi d'une somme d'argent mais d'effacer le comportement que la règle de droit prohibe. Ce sont les **nullités**, qui permettent par exemple d'anéantir un contrat qui a été irrégulièrement formé et de considérer qu'il n'a jamais existé. S'il s'agit d'un contrat de vente, le vendeur devra alors restituer le prix qu'il a reçu et l'acheteur devra rendre le bien qu'il a obtenu.

3. Du droit objectif aux droits subjectifs

A. Notion

Le droit objectif (au singulier) est donc un ensemble de règles abstraites et générales assorties d'une sanction exercée par la puissance publique. Ces règles n'auraient qu'un intérêt purement intellectuel si elles n'étaient pas mises en œuvre pour conférer des droits aux individus. Ce sont ces prérogatives concrètement accordées aux personnes qui forment les droits subjectifs (au pluriel) : la possibilité accordée aux **sujets de droit** – les individus - d'imposer ou d'interdire quelque chose à autrui par l'utilisation d'une règle issue du droit objectif. C'est aussi pour ces mêmes sujets de droit la faculté de recourir à un juge pour constater la violation de cette règle et prononcer une sanction.

B. Raisonnement juridique

Le passage d'une règle abstraite provenant du droit objectif à un droit subjectif utilise diverses techniques :

Le **syllogisme** : c'est un mécanisme intellectuel issu de la philosophie, dans lequel deux propositions (les prémisses majeures et mineures) sont admises comme vraies. On en déduit alors la véracité de la troisième proposition (la conclusion). L'exemple classique en est :

- tous les hommes sont mortels (prémisse majeure)
- les Grecs sont des hommes (prémisse mineure)
- donc les Grecs sont mortels (conclusion)

Ce raisonnement est utilisé par les juristes pour déduire une solution concrète à partir d'une règle abstraite :

- Le vol est la soustraction frauduleuse de la chose d'autrui. Il est puni au maximum de 3 ans d'emprisonnement et de 45 000 € d'amende. Prémisse majeure : règles de droit objectif (articles L311-1 et L311-3 du Code pénal).
- M. X s'est introduit dans le garage de Mme Y pendant son absence et est reparti avec la voiture de cette dernière (situation concrète). On vérifie que les conditions d'application de la règle générale précédemment énoncée sont remplies : soustraction du véhicule par M. X contre la volonté de Mme Y. Prémisse mineure : la situation factuelle considérée comme vraie et prouvée.
- On en déduit la solution applicable à ce cas particulier (le juriste dira « applicable à l'espèce ») : M. X est coupable de vol et sera puni au maximum de 3 ans d'emprisonnement et de 45 000 € d'amende. Le juge choisit, dans le respect de ce maximum, la peine réellement prononcée en tenant compte de la situation objective dans laquelle s'est trouvé M. X (le juriste dira « les éléments de fait »).

L'exemple précédent illustre aussi le mécanisme juridique de la **qualification juridique** : qualifier une situation consiste à préciser dans quelle catégorie juridique (issue du droit objectif) rentre une situation concrète. Une fois cette situation qualifiée juridiquement, on peut déterminer les règles applicables et en déduire des solutions. Le comportement de M. X a été qualifié de vol. On peut donc lui appliquer les règles du Code pénal concernant le vol.

Une des difficultés du droit est qu'à une situation particulière, plusieurs règles de droit concurrentes peuvent potentiellement s'appliquer. Il faut donc choisir celle qui correspond à l'espèce en utilisant le mécanisme de la qualification. Une autre de ces difficultés est qu'à une situation particulière, aucune règle de droit ne s'applique réellement car les conditions réelles diffèrent légèrement des conditions de mise en œuvre de cette règle de droit.

Plusieurs techniques de raisonnement peuvent alors être utilisées pour déterminer quelle règle de droit appliquer parmi celles potentiellement utilisables ou pour déduire d'une règle existante une solution à une situation nouvelle :

- Le **raisonnement par analogie** (ou *a pari*) : pour répondre à une situation concrète rencontrée par un individu on utilise une règle du droit objectif qui ne la concerne pas directement mais s'applique à une situation très proche, analogue ou similaire.
- Le **raisonnement *a fortiori*** : c'est l'argument qui consiste à appliquer à une situation concrète une règle qui ne prévoit pas expressément cette situation mais dont les conditions de mise en œuvre concernent avec encore plus de pertinence cette nouvelle situation. La règle issue du droit objectif s'applique « à plus forte raison » à une situation qu'elle ne prévoit pas expressément.

- Le **raisonnement *a contrario***: pour répondre à une situation concrète rencontrée par un individu, on utilise la solution inverse d'une règle du droit objectif dont les conditions d'application sont contraires à la situation rencontrée. Un exemple classique de ce type de raisonnement est donné par la maxime « tout ce qui n'est pas interdit est autorisé ». Si la loi interdit expressément un comportement, on peut en déduire *a contrario* que tout comportement différent de celui qui est interdit est alors possible.

Ce type de raisonnement est à manipuler avec précaution et en peut être utilisé que dans des cas particuliers, notamment en droit pénal: si aucune règle pénale ne vient sanctionner un comportement, celui-ci est alors autorisé.

CAS PRATIQUE

Gaston Dentregens rencontre Mlle Sidonie Douce. C'est le coup de foudre. Ils décident de se marier et convolent en justes noces devant M. le Maire de leur lieu de résidence. L'élu leur donne alors lecture des articles 212 et suivants du Code civil, portant devoirs et droits respectifs des époux. Une fois cette cérémonie terminée, ils se rendent à l'église. Coup de théâtre: M. le Curé vient de s'apercevoir que Gaston est divorcé d'un précédent mariage religieux et il refuse de procéder à la cérémonie religieuse. Qu'à cela ne tienne, le traiteur annonce que l'apéritif peut commencer. Sidonie doit cependant faire preuve de diplomatie pour régler un conflit qui vient de surgir entre maman et belle-maman, chacune disputant à l'autre le privilège d'ouvrir le bal avec Gaston.

Leur premier enfant, Guilhem, est inscrit au club de football de leur ville. Il s'adonne à ce sport avec énergie et passion, mais il fait preuve d'un caractère assez difficile. Au bout de quelques mois, l'entraîneur de l'équipe informe les parents qu'il ne peut pas continuer avec Guilhem, car celui-ci refuse notamment de porter le maillot aux couleurs de l'équipe pourtant imposé par le règlement intérieur du club. Afin de le punir, Gaston et Sidonie indiquent à Guilhem qu'il ne recevra pas de cadeaux pour Noël. Très précoce et déjà chicanier, Guilhem rétorque qu'ils n'en ont pas le droit et exige la dernière console de jeux à la mode.

Dans chacune des situations rencontrées par ces personnages, retrouvez de quel type de règle il s'agit (de droit, morale...). Indiquez les critères qui vous permettent de répondre. Précisez quel type de sanction pourra être pris en cas de non-respect de la règle.

SOLUTIONS

Le mariage est prévu par la loi et organisé par les articles 143 à 227 du Code civil. Il s'agit de règles de droit, édictées par l'État (origine : puissance publique) et dont le non-respect emporte une sanction prononcée par l'État (règle coercitive). Cette sanction est, par exemple, la nullité du mariage d'une personne déjà mariée civilement. Il s'agit d'une sanction-inhibition : le second mariage disparaît rétroactivement, tous ses effets sont effacés. Parmi les autres règles de droit applicables au mariage, on peut citer l'article 203 du Code civil, qui créé l'obligation de nourrir, entretenir et élever les enfants. La sanction est ici une sanction-exécution : forcer les parents à assumer directement l'entretien des enfants ou à payer une pension alimentaire.

L'impossibilité pour une personne divorcée de célébrer un nouveau mariage religieux n'est pas une règle de droit. Il s'agit bien d'une règle, mais uniquement religieuse, spécifique à une ou certaines religions, car ce n'est pas l'État qui la décide. La sanction du non-respect de la règle religieuse n'est pas garantie par la puissance publique, le mariage civil d'une personne divorcée est parfaitement possible : l'État ignore la règle religieuse. Il ne l'empêche pas non plus : le prêtre pourra parfaitement refuser de marier Gaston et Sidonie, la sanction étant alors strictement privée : l'absence de mariage religieux n'aura que des conséquences morales, le mariage civil n'en étant pas affecté.

Le conflit entre maman et belle-maman est d'ordre strictement privé, fondé sur des règles de bienséance et de savoir vivre qui n'ont aucune portée juridique et qui n'ont aucune sanction autre que la mauvaise humeur éventuelle des protagonistes.

Le règlement intérieur du club de football n'est pas une règle de droit. Il s'agit d'une règle strictement privée, facultative car elle ne concerne que les adhérents à l'association sportive et elle n'a aucune portée pour les autres enfants. Son origine n'est pas étatique : c'est la volonté des membres de l'association qui la crée. Sa sanction n'est pas organisée par la puissance publique : l'exclusion de Guilhem de l'équipe n'a aucune portée juridique et est une sanction privée.

Enfin, le fait d'offrir des cadeaux à Noël est une simple habitude, qui n'existe dans aucune règle de droit. C'est une règle sociale, morale… qui n'a aucune reconnaissance juridique. Elle n'est assortie d'aucune sanction. Guilhem n'a donc aucun recours juridique pour en assurer le respect. Ce conflit parents-enfants est limité à la sphère privée et n'intéresse en rien les tribunaux.

Fiche 3
Les différentes branches du droit objectif

- **Objectif :** Savoir que le droit est subdivisé en diverses branches qui ne sont néanmoins pas étanches
- **Prérequis :** Fiches 1 et 2
- **Mots-clefs :** Droit public ; droit privé ; droit civil ; droit commun

Les juristes ont classé les règles du droit objectif en sous-ensembles homogènes. Le critère principal qui sous-tend cette taxonomie est celui de la similitude des situations : le droit du travail s'intéresse aux relations employeur-salarié…

Les branches du droit traditionnellement reconnues sont celles qui correspondent au découpage des études universitaires et ne correspondent pas toujours à la réalité des situations sociales et économiques (la relation de travail entre un employeur et un salarié fait appel à plusieurs disciplines juridiques : droit du travail mais aussi droit pénal, droit de la sécurité sociale…).

1. Le droit public

A. Notion

Il s'agit de l'ensemble des règles destinées à organiser les pouvoirs publics (État, collectivités locales…) et à régir les relations des individus avec les institutions publiques. La définition donnée puise alors dans l'objet de la discipline : le droit public est celui qui a pour objet les personnes publiques alors que le droit privé concerne les personnes privées.

Cette existence d'un droit public différent du droit privé est caractéristique de la tradition juridique française. Très tôt les décideurs politiques français ont ressenti le besoin de traiter les personnes publiques avec des règles propres, en justifiant cette spécificité par une double finalité particulière du droit public :

- D'une part, il a pour objectif la **satisfaction de l'intérêt général** alors que le droit privé ne garantit que des intérêts privés.
- D'autre part, il est celui qui assure aux personnes publiques des prérogatives spécifiques qu'elles seules possèdent. Le droit public permet alors l'efficacité de leur action en leur conférant **l'exercice de la puissance publique**. Une règle illustrant cette finalité particulière du droit public est la possibilité pour une personne publique d'agir d'office, c'est-à-dire unilatéralement et sans avoir besoin de demander à un juge de constater le bien-fondé de sa démarche. Alors qu'un particulier qui veut forcer son débiteur, lui aussi personne privée, à payer ses dettes, doit obtenir une décision de justice, l'État émet d'office et unilatéralement le titre exécutoire qui permettra à l'huissier du Trésor de procéder au recouvrement forcé d'une somme d'argent.

Une conséquence de cette spécificité du droit public est l'existence d'un ordre particulier de juridiction seul habilité à juger les personnes publiques : le juge administratif. Les juridictions administratives appliquent des règles de procédure (code de justice administrative) et de fond (code des marchés publics par exemple) distinctes de celles applicables aux personnes privées (voir fiche n° 13).

B. Les branches du droit public

- Le **droit constitutionnel** : il fixe l'organisation générale des pouvoirs publics, notamment de nature politique. Il organise (élection ou désignation, durée du mandat ou des fonctions...) et délimite les pouvoirs des organes de l'État : le Président de la République, le gouvernement et le Premier ministre, le Parlement, le Conseil constitutionnel...
- Le **droit administratif** : il fixe l'organisation des pouvoirs publics qui n'entrent pas dans le cadre de la constitution, c'est-à-dire qui ne sont pas de nature politique mais qui en sont les prolongements administratifs. Il concerne les collectivités territoriales (même si leur existence est de nature constitutionnelle), les personnes publiques, les agents de l'administration (fonction publique), le financement de l'État et des personnes publiques.
- Le **droit international public** : il concerne les relations des États entre eux (traités internationaux bilatéraux ou multilatéraux) ainsi que l'exis-

tence et le fonctionnement d'organisations internationales supranationales : organisation des nations unies (ONU), organisation mondiale du commerce (OMC)...

2. Le droit privé

A. Notion

C'est le droit qui concerne **les relations des personnes privées entre elles.** Il est donc différent du droit public dans son objet, mais aussi dans ses finalités puisqu'il a pour objectif de **satisfaire des intérêts privés.** Ses acteurs ne disposent pas des privilèges de la puissance publique : un particulier ne peut pas se faire justice lui-même et doit demander l'intervention d'un juge.

On présente souvent le droit privé comme l'instrument de la volonté des personnes privées, afin de l'opposer au droit public qui représente l'intérêt général. Cette approche est pertinente pour certains aspects du droit privé, notamment le contrat (il y a contrat lorsque deux volontés se rencontrent et acceptent de créer des droits et des obligations) : archétype du droit privé car seuls les intérêts des parties au contrat sont en jeu. Il faut cependant nuancer l'analyse : de plus en plus de règles interviennent de façon impérative dans le droit des contrats pour contrecarrer la volonté des parties. C'est le cas de pans entiers du droit de la consommation qui, afin de protéger le consommateur, partie la plus faible dans la négociation contractuelle, impose ou interdit de nombreuses choses au professionnel qui propose ses services. L'intérêt général et la protection de la société amène le droit à intervenir dans la sphère privée et la liberté contractuelle n'est souvent qu'illusion.

B. Les branches du droit privé

- Le **droit civil** : c'est le fondement du droit privé, la branche du droit qui en est la référence. C'est en ce sens qu'il peut encore être considéré comme le **droit commun** du droit privé, c'est-à-dire la branche du droit dans laquelle le juriste viendra puiser les règles applicables à un litige si aucune autre branche spécifique du droit n'est pertinente dans cette affaire.

  Il s'étend dans de nombreuses matières : l'état des personnes (nom, domicile...), la famille (filiation, successions) et le statut matrimonial (mariage, divorce, statut patrimonial des époux), le droit des obligations (les règles qui définissent les dettes et les créances entre les individus, qu'elles soient nées d'un contrat ou en dehors d'un contrat) par exemple.

- Le **droit commercial** : c'est la première branche du droit qui a acquis son autonomie à partir du droit civil. Très tôt les commerçants ont ressenti le besoin d'un droit ayant ses propres règles par rapport au droit commun et le droit commercial s'est progressivement détaché du droit civil. À côté du Code civil, il existe un Code de commerce qui prévoit par exemple des règles de preuve distinctes, qui contient des règles spécifiques pour certaines activités commerciales (statut particulier du contrat de transport), qui organise des formes originales pour l'activité économique (sociétés...).
- Le **droit du travail** : il concerne les relations collectives (grève, négociation et conventions collectives, institutions représentatives du personnel) et individuelles du travail (contrat de travail). Il est souvent englobé dans une catégorie plus large, le droit social, qui englobe aussi le droit de la protection sociale. Il emprunte certains de ses aspects au droit public : administration de l'inspection du travail, caractère dérogatoire des conventions collectives à l'effet relatif des contrats... Il comporte aussi de nombreuses dispositions pénales destinées à assurer une sanction-coercition en cas de non-respect de certaines règles considérées comme fondamentales pour la protection des salariés (représentants du personnel, principes de non-discrimination...).
- Le **droit international privé** : il concerne les relations des personnes privées dès lors qu'elles dépassent le strict cadre des frontières françaises. Un exemple est donné par le droit de la filiation ou du mariage dès lors que les parents ou époux sont de nationalités différentes.

3. Les droits hybrides

D'autres branches du droit sont difficilement classables selon cette typologie car ni le droit privé ni le droit public ne semble l'emporter sur l'autre et les deux sont fortement mélangés.

Le **droit pénal** en est un exemple caractéristique. Il emprunte au droit public car son objectif est de prévoir les infractions, c'est-à-dire les comportements nuisibles à l'ordre social et donc contraires à l'intérêt général, et d'en organiser la sanction, considérée ici comme un instrument de répression. Mais, même si son objectif ultime est bien d'assurer la sauvegarde de l'intérêt général, il défend concrètement des intérêts particuliers et peut donc être rattaché au droit privé. Lorsque la loi punit et sanctionne le vol, elle cherche à protéger l'intérêt général en évitant l'anarchie d'une société dans laquelle le plus fort s'emparerait des biens de son voisin, mais elle cherche aussi à protéger l'individu contre autrui.

CAS PRATIQUE

Dans chacune des situations suivantes, indiquez quelle est la branche du droit concernée :

1. M. Amédée Brouillard possède un terrain sur lequel il souhaite construire une résidence secondaire. Il demande un permis de construire à la mairie et celui-ci lui est refusé. Il conteste ce refus.

2. Lors de l'étude des plans avec le géomètre et l'architecte, il se rend compte que son voisin a construit un garage en empiétant sur sa propriété. Toute discussion avec ce dernier étant vaine, il souhaite obtenir une décision de justice pour faire respecter sa propriété.

3. M. Brouillard avait commandé, afin d'équiper cette nouvelle résidence, un ensemble de home-cinéma dernier cri. Il avait trouvé l'objet de ses rêves sur un site internet japonais, qui proposait une expédition directe depuis l'usine à un prix défiant toute concurrence, facturé en dollars US et payable par carte bancaire internationale. Il a été débité du montant de l'achat mais n'a jamais reçu la marchandise.

4. Ses malheurs ne s'arrêtant pas là, alors que le chantier allait commencer, un chauffeur de poids lourd pris de boisson rate le virage devant chez lui, enfonce sa clôture et détruit des matériaux de construction stockés sur son terrain. La gendarmerie arrive sur les lieux. M. Brouillard souhaite obtenir indemnisation des dégâts subis.

5. L'employeur de ce chauffeur, lassé par la répétition des accidents causés par son conducteur, décide de le licencier. Le conducteur conteste ce licenciement.

6. Une entreprise de transport décide de s'associer avec un de ses concurrents et ils fusionnent afin de ne constituer qu'une seule société.

SOLUTIONS

1. La mairie est une collectivité territoriale. Elle est concernée par le droit administratif, branche du droit public. Le refus du permis de construire doit être contesté devant un juge administratif.

2. Le conflit entre M. Brouillard et son voisin relève du droit privé. Il s'agit ici de droit civil : les règles concernant la propriété foncière ne font pas partie d'une branche particulière du droit privé, c'est donc le droit commun, le droit « standard » non spécialisé qui est concerné.

3. M. Brouillard va être en conflit avec une société japonaise. Il s'agit d'un contrat de vente international entre deux personnes privées. Il

faudra déterminer quel droit sera applicable : le droit français, le droit japonais ou une convention internationale spécifique. Il s'agit de droit international privé.

4. Cette situation est plus délicate car elle mêle deux branches du droit. D'une part, l'état alcoolique du conducteur est constitutif d'une infraction pénale et sera traité devant une juridiction pénale selon les règles du droit pénal, droit hybride entre le droit public et le droit privé. C'est, dans ce cas, l'État qui va poursuivre le chauffeur et l'objectif sera de le sanctionner. D'autre part, l'accident a causé des dommages à M. Brouillard. Il s'agit ici de droit civil, plus précisément de droit de la responsabilité. C'est M. Brouillard, victime, qui va poursuivre le responsable, le conducteur, pour obtenir des dommages et intérêts (pour plus de détail, voir la fiche n° 12).

5. Il s'agit de droit privé, plus précisément de droit du travail. Il s'agit de régler un conflit individuel, relatif à un contrat de travail entre un employeur et un salarié.

6. Il s'agit ici de droit commercial, plus précisément de droit des sociétés. Cette situation va aussi concerner une branche particulière du doit, le droit de la concurrence. Ni vraiment public ni vraiment public, ce droit sert à protéger l'intérêt général en évitant les positions dominantes d'acteurs économiques sur les marchés ou en les encadrant.

Fiche 4
Principes d'organisation institutionnelle française

- **Objectif :** Connaître les principales institutions françaises et leur rôle
- **Prérequis :** Fiches 1 et 2
- **Mots-clefs :** Parlement ; ministre ; gouvernement ; maire ; État ; région ; département ; commune ; maire ; préfet

1. Le Parlement

Dans la théorie de la séparation (ou distribution) des pouvoirs présentée par Locke (fin du XVIIe siècle) et Montesquieu (XVIIIe siècle), le pouvoir législatif est celui qui a le monopole de l'élaboration de la règle de droit. En France, il est aujourd'hui représenté par le Parlement, constitué de deux chambres (on parle de **bicamérisme** pour désigner cette dualité) : l'Assemblée nationale et le Sénat.

L'**Assemblée nationale** est composée de 577 députés élus pour cinq ans au suffrage universel direct. Ce type d'élection donne aux députés vocation à représenter l'ensemble des citoyens.

L'Assemblée nationale, avec le Sénat, vote les lois selon la procédure de la navette parlementaire. Il faut noter qu'en cas de désaccord entre les deux chambres, c'est l'Assemblée nationale qui décidera en dernier lieu du texte adopté.

L'Assemblée nationale peut renverser le gouvernement (mais pas le président de la République), en votant une « motion de censure » ou en lui refusant sa confiance lorsque le gouvernement a demandé un vote sur une déclaration de politique générale ou sur son programme. À l'inverse, l'Assemblée nationale peut être dissoute par le Président de la République.

Le **Sénat** est composé de 348 sénateurs élus pour six ans au suffrage universel indirect, renouvelé par moitié tous les trois ans. Ils sont élus par un collège d'environ 160 000 « grands électeurs » : députés, conseillers régionaux, conseillers départementaux, délégués des conseils municipaux... Cette élection indirecte fait des sénateurs les représentants des collectivités territoriales.

Il participe, avec l'Assemblée nationale, à l'élaboration de la loi.

Par contre, à la différence de l'Assemblée nationale, il ne peut pas renverser le gouvernement, même si ce dernier peut lui demander un vote sur une déclaration de politique générale. Toujours à la différence de l'Assemblée nationale, il ne peut pas être dissous par le Président de la République.

2. Le Président de la République et le gouvernement

Le pouvoir exécutif est, selon la distinction classique et théorique, celui qui gouverne en utilisant les règles de droit édictées par le pouvoir législatif. C'est toujours vrai en ce sens que le pouvoir exécutif est celui qui décide de la politique suivie en France. C'est cependant moins vrai en pratique aujourd'hui car la séparation entre l'exécution de la loi et son élaboration est devenue bien mince. Le gouvernement partage le pouvoir d'initiative législative (déposer un projet de loi devant le Parlement) avec l'Assemblée nationale et le Sénat. Il dispose, en outre, avec l'engagement de sa responsabilité devant l'Assemblée nationale d'un moyen fort efficace d'inciter les députés de sa majorité politique à adopter les lois de finance ou de financement de la sécurité sociale, même s'ils y sont réticents. Avec cette procédure, la loi sera considérée comme adoptée sans vote si aucune motion de censure n'a renversé le gouvernement dans les 24 heures.

A. Le Président de la République

Il est élu au suffrage universel direct pour cinq ans. Il dispose de pouvoirs propres, qu'il exerce seul, sans avoir besoin de la signature (le contreseing) d'une autre autorité. Par exemple :

- Il nomme et révoque le premier ministre
- Il peut soumettre à référendum certains projets de loi
- Il peut, après consultation du Premier ministre et des présidents des deux assemblées, dissoudre l'Assemblée nationale.

- Il peut saisir le Conseil constitutionnel pour vérifier la conformité d'une loi à la constitution.
- Il dispose de pouvoirs exceptionnels lorsque les institutions de la République, l'indépendance de la nation, l'intégrité de son territoire ou l'exécution de ses engagements internationaux sont menacées d'une manière grave et immédiate et que le fonctionnement régulier des pouvoirs publics constitutionnels est interrompu.

Il dispose aussi de pouvoirs partagés, qu'il ne peut exercer qu'avec le contreseing d'une autre autorité :

- Il nomme les membres du gouvernement, mais sur proposition du Premier ministre. La composition du gouvernement résulte alors d'un accord entre Premier ministre et Président de la République.
- Il promulgue les lois définitivement adoptées, avec la signature du Premier ministre et/ou des ministres concernés.
- Il signe les ordonnances et décrets décidés en conseil des ministres.

B. Le Premier ministre et le gouvernement

Le gouvernement détermine et conduit la politique de la nation (article 20 de la Constitution). Il est composé d'un Premier ministre, qui en dirige l'action, et de ministres. Il a une double fonction :

- Une **fonction politique** : c'est lui qui est le plus souvent à l'initiative des règles de droit, même si c'est le Parlement qui adoptera formellement la loi. En outre, la Constitution lui donne le pouvoir d'édicter directement des règlements (voir fiche 6) sans que le Parlement ne soit impliqué dans la procédure.
- Une **fonction administrative** : chaque ministre dirige une administration disposant de moyens humains et matériels. Il a sur cette administration un pouvoir hiérarchique qu'il exerce par des arrêtés et des circulaires.

3. Les collectivités territoriales

Ce sont des institutions créées par la Constitution, qui ont vocation à défendre les intérêts des populations d'un territoire particulier et non pas de l'ensemble de la nation. Elles comprennent les communes, les départements, les régions et les collectivités à statut particulier (outre-mer).

Elles présentent une caractéristique commune, issue de la politique de décentralisation menée depuis 1982 : elles existent de façon indépendante de l'État, avec des institutions spécifiques, un budget et des compétences propres.

Ainsi, une collectivité territoriale dispose-t-elle de la personnalité juridique (voir fiche 19), ce qui la différencie des administrations déconcentrées dans les régions ou département. Lorsque l'État s'implante dans une ville (une préfecture par exemple), il s'agit de **déconcentration** – à opposer à **décentralisation** – puisque cette administration étatique délocalisée ne dispose pas d'une existence juridique autonome par rapport à l'administration centrale du ministère.

Une collectivité territoriale dispose de ses propres institutions : un exécutif local (le maire pour la commune, le président du conseil régional pour la région par exemple) et une instance délibérante (le conseil municipal ou le conseil régional). Ces instances locales exercent seules des prérogatives qui leur sont conférées par la loi et sur lesquelles l'État ne peut empiéter. Il faut cependant noter que c'est la loi qui fixe les compétences et l'organisation locale et que les collectivités territoriales ne bénéficient pas de la souveraineté : la France n'est pas un état fédéraliste et la seule souveraineté est nationale. La loi peut donc limiter ou élargir, selon les choix politiques de la majorité en place, le rôle des collectivités territoriales.

Les collectivités territoriales sont multiples :

- **Commune** : elle a, depuis très longtemps, des compétences en matière d'état civil (naissance, décès, mariages), d'organisation des élections, de garderies et crèches, de gestion matérielle de l'enseignement primaire, d'urbanisme et voirie communale. En outre, le maire dispose de pouvoirs de police propres afin de garantir l'ordre public sur son territoire.

  Le mouvement de décentralisation amorcé en 1982 y a ajouté des compétences sociales (centre communal d'action sociale), culturelle (bibliothèques...), d'action économique (aide aux entreprises)...
- **Intercommunalité** : il est possible aux communes de se regrouper pour mettre en commun la gestion de certaines de leurs compétences. Ces structures intercommunales ont compétence dans les domaines qui leur ont été expressément transmis par les communes membres (ordures ménagères par exemple). Ces compétences peuvent être transférées « de droit », c'est-à-dire automatiquement dès lors que la structure intercommunale existe. C'est le cas, par exemple, des transports publics urbains ou de la voirie urbaine, automatiquement transférés aux métropoles dès lors que ces dernières sont créées par décret.
- **Département** : son rôle principal est l'action sociale (aide à l'enfance, aux personnes âgées, insertion sociale avec la gestion du revenu de solidarité active). Il intervient aussi dans l'équipement : voirie départe-

mentale. En matière scolaire, il gère matériellement les collèges. Enfin, il peut participer à l'action économique par des aides aux entreprises, même si cette compétence est en principe celle des régions. La tendance est ainsi à la réduction de ses compétences : transfert, par exemple, des transports interurbains et scolaires des départements aux régions par la loi « NOTRe » du 7 août 2015.

- **Région** : son organisation a été profondément modifiée par la loi « NOTRe » du 7 août 2015. Elle a une importante mission économique, par des aides directes et en coordonnant l'ensemble des politiques économiques menées sur son territoire (schéma régional de développement économique en concertation avec les communes et les départements). Elle gère matériellement les lycées. Elle a compétence pour élaborer un schéma régional de transport et elle gère l'intégralité de la mobilité interurbaine régionale. Elle a enfin un rôle dans l'organisation de la formation professionnelle (apprentissage, formation professionnelle des adultes...).

QUESTION DE COURS

Les collectivités territoriales forment-elles un pouvoir public autonome par rapport à l'État central ?

SOLUTION

Les collectivités territoriales ont une existence autonome de l'État. Leur existence est prévue par la Constitution qui indique qu'elles s'administrent librement et qu'elles ont vocation à prendre des décisions pour l'ensemble des compétences qui peuvent être le mieux mises en œuvre à leur échelon.

Elles ont donc une double autonomie. Une autonomie dans leur administration et leur gestion. Leurs organes ne sont pas désignés par le pouvoir central, mais sont élus, directement pour les assemblées délibérantes (conseils municipaux, conseils régionaux, conseils généraux) et indirectement pour les exécutifs (maires et présidents de conseils départementaux et régionaux). Elles votent leur budget et disposent d'une administration et de moyens propres.

Une autonomie dans leurs compétences. Certaines compétences sont attribuées par la loi aux collectivités territoriales et leur sont réservées. L'État ne peut donc pas intervenir à leur place ou les empêcher d'intervenir en ces matières. C'est le cas, par exemple, de la compétence de principe accordée aux régions en matière de développement économique. Elles coordonnent l'action économique des autres collectivités et peuvent aussi accorder des aides directes aux entreprises.

Cette indépendance des collectivités territoriales par rapport au pouvoir central est cependant à relativiser.

D'une part, l'État a tendance à leur transférer par la loi des compétences qu'il ne souhaite plus assumer et qui génèrent de lourdes dépenses dans le budget des collectivités territoriales. Le caractère obligatoire de ces dépenses voulues par la loi réduit l'autonomie budgétaire des collectivités territoriales. En effet, une fois que ces dépenses contraintes sont déduites de leurs ressources disponibles, les sommes qu'elles peuvent décider d'affecter à des missions qu'elles choisissent sont fortement réduites. Le transfert au département d'une partie des dépenses de solidarité nationale en faveur des personnes âgées (allocation personnalisée d'autonomie) en est un exemple, puisque le fonds de financement de l'aide personnalisée à l'autonomie, qui a une vocation nationale, ne suffit pas à couvrir tous les besoins engendrés par cette dépense.

D'autre part, la loi de décentralisation de 1982 avait initialement prévu une clause générale de compétence. Pour les régions, par exemple, dès lors que l'intérêt régional le justifiait, une région pouvait intervenir dans n'importe quel domaine de compétence. Cette clause de compétence générale n'existe plus aujourd'hui et une région ne peut intervenir que dans les champs de compétence limitativement énumérés par la loi.

Enfin, une collectivité locale, tout comme l'administration étatique, est soumise au contrôle de légalité. La décision de soumettre une décision d'une collectivité territoriale au contrôle du juge administratif, pour vérifier qu'elle respecte bien la loi, est du ressort du préfet, qui est une autorité dépendant du pouvoir central (voir la fiche n° 7).

Fiche 5
Principes d'organisation institutionnelle européenne

1. Conseil européen et conseil de l'Union européenne
2. Commission européenne
3. Parlement européen
4. Cour de Justice européenne

- **Objectif :** Connaître les principales institutions européennes et leur rôle
- **Prérequis :** Fiches 1, 2 et 4
- **Mots-clefs :** Europe ; commission européenne ; Parlement européen ; conseil européen

L'Union européenne est un regroupement d'États qui ont volontairement adhéré à des traités internationaux afin de coopérer dans les domaines économiques et politiques, d'assurer le progrès économique et social et de promouvoir la paix et la sécurité en Europe. Le terme « Union européenne » a été créé par le traité de Maastricht entré en vigueur le 1er novembre 1993 et s'est substitué aux différentes communautés européennes (CEE, Euratom, CECA) des années 1950. L'Union européenne est régie aujourd'hui par le traité de Lisbonne entré en vigueur le 1er décembre 2009. Elle comprend 28 États membres depuis le 1er juillet 2013. Elle devrait n'en comporter plus que 27 au printemps 2019, lorsque la procédure de sortie de l'Union européenne initiée par le Royaume-Uni en mars 2017 aura abouti.

L'Union européenne est dotée de la personnalité juridique et a donc une existence autonome, indépendante de celle de ses États membres. Elle a des compétences propres, un budget et une administration spécifique. Ses prérogatives sont exercées par des institutions particulières qui créent des règles de droit spécifiquement européennes qui s'imposeront aux États-membres.

1. Conseil européen et conseil de l'Union européenne

Le **conseil européen** est composé des chefs d'État ou de gouvernement des États-membres, du président de la Commission européenne et de son Président. Le haut représentant de l'Union pour la politique étrangère et les questions de sécurité y participe lorsque sont à l'ordre du jour des questions relevant de sa compétence.

Le Président du Conseil européen est élu, pour deux ans et demi-renouvelable une fois, à la majorité qualifiée par les chefs d'État et de gouvernement composant le conseil européen. Il ne peut assumer, pendant ses fonctions, de mandat national. Il organise et préside les travaux du Conseil européen et participe à la représentation extérieure de l'Union européenne, en collaboration avec le haut représentant de l'Union européenne pour les affaires étrangères et la politique de sécurité.

Le conseil européen est surtout un organe politique, dont le rôle est de définir les grandes orientations de l'Union européenne.

Les décisions sont souvent prises à la majorité qualifiée : c'est une majorité dans laquelle le nombre de voix de chaque État est proportionnel à sa population.

Le **conseil de l'Union européenne**, différent du conseil européen, est la réunion des ministres concernés par un domaine particulier : ministres de l'agriculture, des finances… Il coordonne les politiques européennes et conclut des accords internationaux. Il participe au pouvoir législatif avec le Parlement européen, puisqu'il doit voter, à côté de ce dernier, les textes qui feront la loi européenne (voir ci-dessous la « procédure législative ordinaire ») et le budget annuel de l'Union. La présidence du conseil de l'Union européenne est tournante et change tous les 6 mois entre les différents pays membres.

2. Commission européenne

C'est une institution originale de l'Union européenne. Elle est indépendante des États membres et ne représente que les intérêts de l'Union européenne.

Le président de la Commission est désigné à la majorité qualifiée par le Conseil européen. Ce choix doit être approuvé par le Parlement européen.

Chaque État membre désigne un commissaire, qui, une fois en fonction, deviendra indépendant de son État d'origine et ne devra subir aucune pression extérieure. Cette liste des 27 commissaires doit être approuvée par le Conseil de l'Union européenne puis par le Parlement européen.

Ensuite, le président de la Commission peut répartir les fonctions (les portefeuilles) entre les différents membres nommés. La commission ainsi formée a un mandat de cinq ans.

La commission européenne est responsable devant le Parlement européen, qui peut adopter une motion de censure afin de la renverser.

Le rôle de la Commission européenne est multiple :

- **Garantir le respect des traités fondateurs** de l'Union européenne ainsi que le respect des différentes règles de droit spécifiquement européennes. Pour cela elle peut adresser des avis aux États-membres qu'elle estime ne pas respecter les textes. Elle peut ensuite, si elle le juge nécessaire, saisir la Cour de Justice des communautés européennes pour demander la condamnation de l'État défaillant.
- **Pouvoir d'initiative législative** au sein de l'Union européenne. Elle seule peut proposer un texte au Conseil européen et au Parlement européen en matière de politique agricole, douanière, marché intérieur... Ce pouvoir d'initiative est cependant partagé avec les États-membres en matière de politique étrangère et de sécurité, ainsi que de coopération policière et judiciaire.
- **Rôle exécutif** en préparant et exécutant le budget de l'Union, en gérant les politiques communes décidées par l'Union européenne ainsi que les différents fonds de l'Union.
- **Représenter l'Union dans le monde** et négocier des accords internationaux engageant l'Union.

3. Parlement européen

Il ne s'agit pas, *stricto sensu*, d'un organe législatif comparable au Parlement français. En effet, il ne dispose pas seul du pouvoir législatif mais est **associé à une procédure de codécision** (appelée depuis le traité de Lisbonne la « **procédure législative ordinaire** »), dans laquelle interviennent le Conseil européen et la Commission européenne : l'initiative d'un texte européen est, en principe, réservée à la Commission puis le vote de cette décision doit intervenir à la fois au Parlement et au Conseil européen ou de l'Union européenne.

Le parlement **adopte le budget** de l'Union européenne qui sera préparé et exécuté par la Commission et le Conseil européen.

Le parlement **contrôle l'activité de la Commission européenne** et il peut voter une motion de censure qui la renversera.

Il est composé de députés européens, élus pour cinq ans au suffrage universel direct, selon des modalités précises fixées par chaque État-membre. Depuis le traité de Lisbonne, il compte au maximum 750 membres plus son Président, chaque État-membre élisant un nombre de députés proportionnel à sa population, avec un maximum de 96 députés par pays.

4. Cour de Justice européenne

C'est l'organe judiciaire de l'Union européenne, composé de deux juridictions, dont les membres sont nommés d'un commun accord par les gouvernements des Etats-membres :

- la **Cour de Justice**, compétente pour les renvois préjudiciels, les recours en manquement, en annulation ou en carence (voir ci-dessous), et comme juridiction d'appel des décisions du Tribunal ;
- le **Tribunal**, compétent pour les affaires introduites par les particuliers ou les entreprises, pour les recours introduits par les États-membres contre la commission et pour les recours demandant indemnisation des dommages causés par l'Union.

Ces juridictions ont trois types de mission :

- Vérifier que les textes pris par les autres institutions européennes sont conformes aux traités européens et aux autres règles de droit européen. Il s'agit du « **recours en annulation** » ou du « **recours en carence** », exercé par un État-membre devant la Cour de Justice des communautés européennes pour contester une décision ou l'inaction du Conseil européen ou du Parlement, ou bien exercé par une institution européenne contre une autre institution européenne.
- Vérifier que les États-membres respectent les traités et autres textes européens. Cette mission est exercée avec la Commission européenne puisque cette dernière a aussi pour rôle de garantir le respect des traités. Mais seule la Cour de Justice peut prononcer des sanctions si elle est saisie par la Commission. Il s'agit du « **recours en manquement** » contre un État, qui est engagé soit par la Commission soit par un autre État
- Interpréter le droit européen si les juges nationaux (des différents États membres) lui demandent d'en éclaircir certains aspects applicables à un litige qu'ils ont à juger. C'est le mécanisme du « **renvoi préjudiciel** », qui permet d'assurer une interprétation uniforme du droit européen dans chacun des pays membres : un juge national peut ou doit, selon les cas, demander l'avis de la Cour de Justice des communautés européennes

lorsque le droit européen intervient dans un litige national. La juridiction nationale doit surseoir à statuer (mettre le litige en attente) en attendant l'avis de la Cour de Justice européenne. Une fois que cet avis est rendu, il s'impose aux juridictions nationales et elles sont tenues de juger dans le sens indiqué par la juridiction européenne pour la partie du litige qui concerne le droit européen.

QUESTION DE COURS

L'Union européenne est-elle un « super-État » englobant de manière fédérale les États-membres?

SOLUTION

L'Union européenne est créée par des traités internationaux auxquels les États-membres adhèrent librement. C'est une construction originale, qui n'a pas d'équivalent (dans le jargon juridique on dit qu'elle est une institution *sui generis*, c'est-à-dire qu'elle existe par elle-même, sans pouvoir rentrer dans une catégorie particulière).

Elle n'est pas, à proprement parler, un État fédéral en ce sens qu'elle ne possède pas de souveraineté spécifique, qu'elle ne constitue pas un État en tant que tel. Dans un État fédéral, les états fédérés abandonnent leur souveraineté nationale et perdent leur existence autonome auprès du reste du monde. Ce n'est pas le cas des États-membres de l'Union européenne, qui continuent à exister en tant qu'États sur la scène internationale: chacun reste, par exemple, maître de sa politique étrangère et de sa politique de défense. De plus, une certaine part des décisions de l'Union européenne doit être prise à l'unanimité des États-membres, ce qui n'est pas le cas dans un État fédéral où les compétences fédérales sont exercées à la majorité des représentants. En outre, un des critères les plus couramment admis pour reconnaître un État fédéral est l'existence d'une Constitution, alors que ce texte n'existe formellement pas dans l'Union européenne.

Par contre, l'Union européenne a une personnalité juridique reconnue sur le plan international. Elle peut participer en tant que telle à des négociations internationales et signer en son nom propre des engagements internationaux. Elle possède ses propres institutions, qui ont une compétence propre sur laquelle ne peuvent pas empiéter les États-membres. Elle possède son propre budget et sa propre administration. Les États-membres ont accepté de lui transférer une partie de sa souveraineté dans des domaines comme la gestion économique du marché intérieur. Dans de nombreux domaines, le traité de Lisbonne a modifié la procédure de décision en indiquant que le vote se fait à la majorité qualifiée (chaque État a un nombre de voix proportionnel à sa population) et non plus à l'unanimité. Certains États-membres choisissent de constituer des sous-ensembles de l'Union européenne et y transfèrent d'autres compétences régaliennes. C'est le cas par exemple, des États ayant adopté la monnaie unique, qui ont transféré le pouvoir d'émission monétaire et la gestion de la politique monétaire à la banque centrale européenne. Enfin, la fiche n° 6 montrera que le droit d'origine européenne prime sur le droit interne des États-membres, à l'exception de leurs Constitutions respectives.

RÉVISION - FICHES 1 À 5 - QCM

	VRAI	FAUX
1. Le but d'une règle de droit est uniquement d'assurer la cohésion sociale en punissant les individus.	☐	☐
2. La sanction d'une règle de droit consiste exclusivement en la punition de celui qui l'a transgressé.	☐	☐
3. Une règle de droit est exclusivement prise par l'État ou par une autorité publique	☐	☐
4. Qualifier une situation juridique consiste à trouver à quelle notion ou catégorie juridique correspond une situation factuelle, c'est-à-dire à trouver quelle est la règle de droit applicable à cette situation	☐	☐
5. Le droit public ne concerne que les litiges entre personnes publiques	☐	☐
6. L'expression « droit commun » fait référence aux règles de droit générales issues du droit civil, que l'on applique quand aucune branche spécialisée du droit n'est applicable	☐	☐
7. Parlement est synonyme d'Assemblée nationale	☐	☐
8. La règle de droit est toujours une loi votée par le Parlement	☐	☐
9. Les ministres sont nommés par le Premier ministre	☐	☐
10. Le Président de la République peut dissoudre le Sénat	☐	☐
11. Les collectivités territoriales sont indépendantes du pouvoir central représenté par l'Etat	☐	☐
12. Le Parlement européen dispose du pouvoir d'initiative législative au sein de l'Union européenne	☐	☐
13. Le Parlement européen est seul à adopter par son vote les textes faisant la loi européenne	☐	☐
14. Le renvoi préjudiciel est une procédure dans laquelle une juridiction nationale demande son avis à la Cour de Justice des communautés européennes dans un litige dont un aspect concerne le droit européen. Cet avis s'imposera aux juridictions nationales.	☐	☐

Solutions

1 F ; 2 F ; 3 V (avec quelques exceptions, mais en tout état de cause l'autorité privé qui prend la règle de droit le fait sur délégation d'une autorité publique) ; 4 V ; 5 F ; 6 V ; 7 F ; 8 F ; 9 F (pouvoir partagé avec le Président de la République) ; 10 F ; 11 V ; 12 F ; 13 F ; 14 V

Fiche 6
Les sources du droit : variété des règles de droit

- **Objectif :** Quelles sont les différentes catégories de règles de droit. Quelles sont les autorités à l'origine de ces règles
- **Prérequis :** Fiches 2, 3, et 4
- **Mots-clefs :** Constitution ; loi ; règlement ; ordonnance ; loi organique ; coutume ; traité ; directive ; règlement européen ; jurisprudence ; doctrine

1. Les sources nationales

A. La constitution

C'est le texte fondateur de la République et de ses institutions. Elle décrit et organise les pouvoirs publics nationaux, organise les engagements internationaux de la France, cite certains pouvoirs publics locaux et renvoie à la loi le soin d'organiser le fonctionnement et les compétences de ces derniers. On peut la comparer à une « règle du jeu » globale, qui définit les acteurs du jeu politique et s'impose à eux, créant les pouvoirs, mais aussi les définissant et les limitant afin de protéger les citoyens contre l'arbitraire de l'État.

La Constitution actuellement en vigueur est celle entrée en vigueur le 4 octobre 1958 et qui fonde la Ve République. Elle a été modifiée plus de vingt fois depuis son adoption, la dernière modification datant de juillet 2008. Les modifications de la Constitution sont adoptées soit par le Parlement réuni en congrès (députés et sénateurs votent ensemble), à la majorité des trois cinquièmes, soit par référendum à la majorité simple. L'initiative de cette révision appartient au Président de la République sur proposition du Premier ministre ou bien aux membres du Parlement.

Elle n'est pas le seul texte a portée constitutionnelle en France. Son préambule renvoie explicitement à trois autres textes : la déclaration des droits de l'homme et du citoyen du 26 août 1789, le préambule de la Constitution du 27 octobre 1946 et la charte de l'environnement de 2004. Ils ont la même valeur que la Constitution stricto sensu, l'ensemble formant le « **bloc de constitutionnalité** ».

B. Sources écrites : la loi et le règlement (autonome et d'application)

La loi, terme générique souvent employé pour désigner toute règle de droit, est une notion complexe qui recouvre plusieurs catégories de textes.

- La **loi organique** est une catégorie spécifique, proche de la Constitution. C'est une loi car elle est adoptée par le Parlement, mais elle précise ou complète la constitution, sans toutefois la modifier. C'est, par exemple, une loi organique qui décrit les modalités précises de l'élection du Président de la République.
- La **loi simple** (au sens strict) est celle qui est votée par le Parlement. L'article 34 de la Constitution indique qu'elle ne peut porter que sur une liste précise de matières : droits civiques, libertés publiques et fondamentales, nationalité et capacité des personnes, régimes matrimoniaux, détermination des crimes et délits ainsi que des peines, création de juridictions, fiscalité...

De même, elle a pour rôle de déterminer les principes fondamentaux de la défense nationale, des collectivités territoriales, de l'enseignement, de la propriété et des contrats, du droit du travail...

Cette liste a deux conséquences : la loi a le monopole de la règle de droit dans ces matières et il sera impossible au gouvernement d'y intervenir par voie réglementaire. Mais à l'inverse, la loi ne peut pas intervenir dans d'autres domaines que ceux énumérés. Si elle le fait, le gouvernement pourra constater que le Parlement est intervenu hors de son champ de compétence et pourra modifier la loi par voie réglementaire, sans intervention du Parlement.

Le gouvernement partage ainsi le pouvoir législatif avec le Parlement puisque l'article 37 de la Constitution indique que les matières autres que celles réservées à la loi par l'article 34 sont du domaine réglementaire. Cela signifie que dans tous les autres domaines que ceux cités ci-dessus, le pouvoir exécutif peut légiférer en prenant des **règlements**.

On distingue les règlements selon l'autorité qui les prend : un **décret** sera signé par le Président de la République ou le Premier ministre alors qu'un **arrêté** sera signé par un ministre, un préfet ou un maire.

On peut aussi distinguer deux catégories de décret. Soit il intervient dans une matière réservée à la loi, sur autorisation de celle-ci pour la préciser ou la compléter. On parle alors de **décret d'application**, soit il intervient dans un domaine où il a pleine et entière compétence, sans avoir besoin d'une loi. On parle alors de **décret autonome.**

S'ajoutent à ces catégories de règle de droit :

- **La loi référendaire**, cas particulier de loi : au lieu d'être adoptée par le Parlement elle sera soumise au référendum et sera donc adoptée par un vote populaire au suffrage universel direct.
- **L'ordonnance** : l'article 38 de la Constitution permet au gouvernement de demander au Parlement l'autorisation de légiférer, pendant un temps limité, par ordonnances dans des domaines qui sont normalement réservés à la loi stricto sensu. Ces ordonnances doivent ensuite être validées par le Parlement dans une loi de ratification. À défaut de cette ratification, elles seront considérées comme des règlements.

Le **travail de codification** : afin d'amener un peu d'ordre dans le foisonnement des textes, ils peuvent être regroupés en **codes** autour d'un thème donné. Il existe environ soixante-dix codes, depuis le Code civil de 1804 qui pose les fondements du droit privé jusqu'aux codes les plus récents et les plus spécialisés comme le code de la consommation ou de l'industrie cinématographique par exemple. Les codes peuvent être entièrement de nature législative, chacun de leurs articles étant créé ou modifié par une loi ou un texte équivalent (c'est le cas du Code civil). D'autres sont composés d'une partie législative, les numéros d'articles étant alors précédés de la lettre L et d'une partie réglementaire, les numéros d'articles étant alors précédés de la lettre R (Code du travail).

C. Source non écrite : la coutume

Une règle de droit n'existe, en principe, que si elle est écrite et a été prise par une autorité spécifique selon certaines formes. La coutume peut cependant, de façon résiduelle, être source de droit.

Une coutume est un comportement habituellement suivi par des personnes qui considèrent qu'il a un caractère obligatoire. Elle n'est écrite dans aucun texte et n'existe que comme habitude.

- Elle contient un **élément matériel**, le comportement, qui est répété sur une longue période de temps, de façon habituelle. Ainsi, le comportement en question doit-il être ancien (ce sera au juge d'apprécier cette ancienneté), constant (c'est-à-dire ne pas être remis en cause), et enfin général (suivi par toute une profession ou dans toute une région). La constance du comportement aura son importance, par exemple, en droit du travail: un employeur aura intérêt à ce que les avantages qu'il accorde aux salariés ne soient pas systématiques, de façon à se garder la possibilité d'y mettre fin plus facilement.

- Elle contient un **élément psychologique**, la croyance partagée par tous en son caractère obligatoire.

La coutume peut alors devenir une règle de droit, c'est-à-dire que son non-respect sera sanctionné par la puissance publique. Elle n'est cependant qu'une source marginale du droit que l'on ne rencontre que dans certains domaines : en droit commercial, en droit du travail, dans certaines régions particulières.

La coutume peut intervenir par **délégation expresse de la loi** (le Code civil renvoie aux usages locaux pour les hauteurs de clôture par exemple) ou par délégation implicite de la loi, lorsque cette dernière utilisait une notion comme le « bon père de famille » qui était alors définie par le juge à partir des usages. De même une coutume peut exister **dans le silence de la loi** (on parlera de coutume *praeter legem*). La question est plus délicate lorsqu'une coutume va à l'encontre d'une loi ou qu'une loi vient expressément interdire une coutume (on parlera de coutume *contra legem*). En principe, la coutume doit alors disparaître. Tout comme il sera impensable de se référer à la coutume dans certaines matières comme le droit pénal.

2. Les sources internationales

A. Les traités internationaux

La France, comme État souverain, négocie et signe des traités internationaux avec d'autres pays. Il peut s'agir de traités bilatéraux, liant deux pays, ou multilatéraux (liant plusieurs pays, dont la France).

Ces traités sont négociés par le gouvernement et signés par le Président de la République ou un membre du gouvernement. Ensuite, pour pouvoir être considérés comme règle de droit, ils doivent être ratifiés par le Parlement qui doit voter une loi, dite de ratification, intégrant ce traité dans l'ordre juridique interne. Ils doivent aussi être publiés et être exécutés de façon réciproque par les autres pays signataires.

B. Les spécificités du droit européen

Le droit européen, même s'il est fondé sur des traités internationaux, mérite un développement particulier, car il crée une catégorie particulière de règle de droit : le droit européen dérivé, à côté des traités classiques.

Le **droit européen originaire** : il est créé par des traités internationaux classiques auxquels adhèrent les États-membres. Ce sont les traités de 1951 et 1957 qui fondèrent la Communauté économique européenne, celle du charbon et de l'acier et celle de l'énergie atomique, puis le traité de Maastricht de 1992 qui crée l'Union européenne, dont la dernière modification remonte au traité de Lisbonne entré en vigueur le 1er décembre 2009.

Les traités européens créent des catégories spécifiques de règles de droit qui n'existent qu'au sein de l'Union européenne : le **droit européen dérivé.** Ce sont ces règles qui constituent essentiellement le droit européen et sont adoptées par le Conseil européen et le Parlement européen après proposition de la Commission européenne. Elles sont de deux types :

- Le **règlement européen** : c'est un texte qui s'applique immédiatement, dès son adoption et publication, dans chacun des États-membres Il est **d'effet direct** et les justiciables peuvent s'en prévaloir devant les juridictions nationales.
- La **directive européenne** : c'est un texte dont les justiciables ne peuvent pas se prévaloir directement devant les juridictions nationales. Il est **d'effet indirect.** Il impose aux États-membres de mettre leur droit interne en conformité, dans un certain délai, avec les objectifs énoncés dans la directive, mais cette dernière ne crée pas directement de droit pour les individus. Elle n'en crée que pour les États-membres qui doivent atteindre, dans leur droit, le résultat prescrit par la directive. La Cour de Justice des communautés européennes a cependant admis qu'une directive pouvait avoir un effet direct dès lors qu'un État-membre ne l'avait pas transposée en droit interne dans le délai imposé.

3. Les sources informelles

A. La jurisprudence

La jurisprudence est constituée de l'ensemble des décisions de justice rendues par les différentes juridictions. Elle n'est pas, à proprement parler, une source du droit car elle ne possède pas le caractère obligatoire de la règle de droit.

L'article 5 du Code civil prohibe les « arrêts de règlement » en interdisant au juge de se prononcer de façon générale et en l'obligeant à répondre à la seule affaire soumise par les parties au procès. Il n'est jamais lié, dans une nouvelle affaire, par une autre décision rendue par lui-même ou par d'autres juges dans des affaires similaires. De même, alors que les juridictions sont hiérarchisées, un juge peut parfaitement ne pas suivre l'interprétation de la loi que donnent les juridictions qui lui sont supérieures. Il y a cependant de fortes chances pour que ces juridictions supérieures annulent ses décisions.

La jurisprudence est cependant importante, notamment celle des juridictions supérieures (Cour de cassation et conseil d'État par exemple), car elle donne la façon dont sera interprétée et appliquée, in fine, la règle de droit. Même si, en raison des **revirements de jurisprudence** possibles, elle ne crée pas le droit, elle est à connaître à côté des règles de droit au sens strict.

B. Le droit négocié

La règle de droit est normalement édictée unilatéralement par une institution publique, sans que ceux à qui elle s'applique puissent en négocier le contenu.

Certaines règles peuvent cependant être négociées par ceux qui y seront soumis. C'est le cas du **contrat**, à qui la loi (article 1103 du Code civil) donne force obligatoire mais dont le contenu, dans des limites très larges ou fortement encadrées selon son type, est librement négocié par les parties. Par le contrat, chacun peut donc créer des règles qui ne seront applicables qu'aux parties concernées.

Les **conventions et accords collectifs** en droit du travail sont un cas particulier de ce droit négocié. Ce sont des textes négociés entre organisations patronales et syndicales qui créent des règles applicables aux salariés d'un établissement, d'une entreprise ou d'une branche professionnelle. Ils seront obligatoires, à certaines conditions, pour tous les employeurs et s'appliqueront à tous les salariés concernés même si ces derniers n'en sont pas directement signataires.

EXERCICE

Dans chacun des cas ci-dessous, retrouvez la source de droit correspondante. Indiquez s'il s'agit réellement d'une règle de droit ou non :

CAS n° 1

« Nous, maire de la Ville de Dijon, considérant que pour assurer la sécurité et limiter les perturbations à la circulation lors du déroulement du déménagement que doit assurer l'entreprise X, il est nécessaire de prendre des mesures spéciales concernant la restriction du stationnement rue Tabaga le 5 août 2008.

ARRETONS

Article 1 : à titre temporaire, le stationnement sera interdit au droit du n° 6 de la rue Tabaga, sur 18 mètres linéaires, le 5 août 2008.

Article 2 : la signalisation sera mise en place par la société X et la présente affichée lisiblement. »

CAS n° 2.

« Code de commerce – Article L 121-1 : Sont commerçants ceux qui exercent des actes de commerce et en font leur profession habituelle. »

CAS n° 3.

« République française – Au nom du peuple français

Vu l'article 1 de la loi du 5 juillet 1985 qui indique que sera considéré comme accident de la circulation tout accident causé par un véhicule terrestre à moteur.

Attendu que pour refuser d'appliquer la loi du 5 juillet 1985 à un accident survenu le 4 janvier 1984 et dont M. ZZZ a été victime, la Cour d'appel de XXX a indiqué que la voiture de M. YYY était en stationnement régulier et qu'il ne pouvait pas, en conséquence, s'agir d'un accident de la circulation. Mais attendu que le texte susvisé ne précise pas que le mouvement du véhicule est une condition à son application.

Par ces motifs, casse et annule dans toutes ses dispositions l'arrêt rendu le 18 septembre 1985 par la cour d'appel de XXX »

SOLUTIONS

CAS n° 1 : il s'agit d'un arrêté municipal. C'est un règlement pris par une autorité administrative, le maire, dans une compétence qui lui est propre : la police de la circulation dans sa ville. C'est une règle de droit.

CAS n° 2 : il s'agit d'un article du Code de commerce. C'est bien une règle de droit. Son numéro commence par la lettre L, ce qui indique qu'il a été créé par une loi stricto sensu (votée par le Parlement) et pas par un règlement (sinon son numéro serait précédé de la lettre R).

CAS n° 3 : il s'agit d'une décision de jurisprudence. Ce n'est donc pas une règle de droit au sens strict car elle n'est ni générale, ni impersonnelle. C'est une décision prise par la Cour de cassation dans une affaire opposant deux particuliers (la victime et l'auteur de l'accident). Cette décision ne fait que trancher un litige opposant deux particuliers (M. YYY, la victime et M. ZZZ le responsable). Dans cet exemple fictif, la loi pose un problème d'interprétation : peut-on dire qu'un accident causé par un véhicule en stationnement régulier est un accident de la circulation et se voit appliquer les règles spécifiques de la loi du 5 juillet 1985. La victime a intérêt à prétendre que oui, le responsable à intérêt à prétendre le contraire. La Cour d'appel avait choisi l'interprétation favorable au responsable. La Cour de cassation casse cette décision d'appel et indique que la loi doit au contraire être interprétée comme étant applicable à un véhicule en stationnement régulier.

On peut dire que ce type de jurisprudence participe à la création du droit, car une décision comme celle-ci, prise par la Cour de cassation qui est la juridiction civile suprême, tend à indiquer dans quel sens doit être interprétée là règle de droit et donc à devenir elle-même une norme.

Ce n'est cependant pas une règle de droit car, techniquement, cette décision n'est valable que pour ce conflit particulier. Rien n'interdit à la Cour de cassation de choisir une interprétation différente dans une affaire ultérieure similaire. Ce sera un revirement de jurisprudence.

Fiche 7
La hiérarchie des normes

- **Objectif :** Connaître les mécanismes applicables lorsque deux règles de droit se contredisent. Connaître les mécanismes et juridictions garantissant cette hiérarchie des normes
- **Prérequis :** Fiches 4, 5 et 6
- **Mots-clefs :** Ordre public ; règle impérative et supplétive ; Conseil constitutionnel ; Conseil d'État ; contrôle de légalité ; recours pour excès de pouvoir ; exception d'illégalité ; principes généraux du droit

1. Principe de la hiérarchie

Les règles de droit sont très nombreuses et de types variés (environ soixante-dix codes, plusieurs milliers de lois et règlements européens...). Elles peuvent se contredire, entrer en conflit... Pour donner une cohérence à cet empilement de textes, il faut le hiérarchiser et déterminer les mécanismes qui permettront de choisir la règle applicable si plusieurs entrent en conflit. Par ordre hiérarchique décroissant, on retrouve alors :

- La **Constitution** : la norme suprême, à laquelle toutes les autres doivent se conformer.
- Les **traités internationaux** : immédiatement inférieurs à la Constitution mais supérieurs aux autres règles nationales (article 55 de la Constitution). On retrouve ici notamment le droit européen originaire.
- Viennent ensuite les textes de **droit européen dérivé** : directives et règlements européens.

- Viennent ensuite les différentes catégories de **lois**: lois organiques, lois simples, lois référendaires, ordonnances ratifiées.
- Viennent ensuite les **règlements autonomes.** Ils ne sont pas strictement soumis à une loi puisqu'ils interviennent dans un domaine autre, mais ils doivent néanmoins respecter les principes généraux du droit et sont soumis au contrôle de légalité (voir ci dessous). On trouve d'abord les décrets du Président de la République et du Premier ministre, puis les arrêtés classés selon l'autorité signataire: arrêté ministériel, préfectoral et enfin municipal.
- Viennent ensuite les **règlements d'application des lois**, qu'ils soient décrets du Président de la République, du Premier ministre, puis ensuite les **arrêtés** ministériel, préfectoral ou municipal.
- Vient enfin le **droit négocié**, qu'il s'agisse des conventions et accords collectifs en droit du travail ou plus généralement des contrats.

Il faut préciser la notion **de principes généraux du droit.** Ce ne sont pas des règles écrites, donc on pourrait estimer qu'il ne s'agit pas de règle de droit au sens strict. Ils sont cependant d'une grande importance car ce sont des principes énoncés par la jurisprudence du Conseil constitutionnel, du Conseil d'État ou de la Cour de cassation. Ces juridictions suprêmes considèrent que ces règles non écrites, implicites dans l'ordre juridique d'une démocratie, s'imposent au pouvoir exécutif. Les règlements, qu'ils soient autonomes ou d'application, doivent s'y conformer. Un décret ou un arrêté sera donc inférieur à un principe général du droit. Par contre, leur place par rapport à la loi fait l'objet de controverses. Il est généralement admis qu'ils sont à un niveau intermédiaire entre la loi et le règlement, donc inférieurs à la loi. On peut citer, à titre d'exemple, le principe d'égalité devant l'impôt, le principe de continuité des services publics, le principe posant la liberté du commerce et de l'industrie, le principe selon lequel nul ne doit causer un trouble anormal de voisinage…

A. Conflit entre règles de niveaux différents

Le principe de la hiérarchisation est qu'une règle doit respecter toutes les règles qui lui sont supérieures. En cas de conflit, la règle inférieure disparaît ou devient inapplicable.

Ce principe a toute sa force lorsque la règle supérieure est « **d'ordre public** » ou « **impérative** ». Aucune règle inférieure ne peut alors y déroger, de quelque manière que ce soit. Ainsi, la Constitution fixe-t-elle la durée du mandat du Président de la République à 5 ans. Une loi ou un référendum ordinaire ne peuvent pas modifier cette durée. L'article L 133-1 du Code de commerce, créé par une loi simple, indique que le transporteur est responsable des objets transportés et indique que toute clause contraire est nulle. Ce texte est bien d'ordre public et crée une règle impérative qu'aucune règle inférieure ne peut contredire.

Le principe doit être nuancé lorsque la règle supérieure est « **supplétive** ». Dans ce cas, elle peut être remplacée, contredite ou aménagée par une règle inférieure. La règle supérieure est alors facultative et ne sera applicable si rien d'autre n'est prévu. Ce mécanisme est souvent utilisé dans les relations contractuelles : une loi ou un règlement prévoit une règle supplétive, mais les personnes concernées peuvent négocier leur propre règle par un contrat et écarter en cela la norme supérieure.

Un exemple en est donné en droit des transports par les montants maximum d'indemnisation. Ainsi, pour un transport routier national dans un envoi de moins de 3 tonnes, un décret prévoit que l'indemnisation en cas de perte ou avarie ne peut pas dépasser 33 € par kilo avarié ou 1000 € par colis, en prenant la plus petite de ces deux valeurs. Ces montants sont supplétifs et les parties à un contrat de transport peuvent en prévoir d'autres par une déclaration de valeur qui se substitue alors au texte réglementaire.

Un dernier cas est donné par le « **principe de faveur** » existant en droit du travail. Il crée un **ordre public dérogatoire** : une règle inférieure peut ne pas respecter une règle supérieure mais uniquement à la condition qu'elle soit plus favorable au salarié. Un exemple classique en est donné par l'existence du SMIC : la loi fixe un salaire minimum, mais rien n'empêche l'employeur et le salarié de négocier un salaire supérieur dans un contrat de travail particulier. De même, la loi fixe un nombre minimal de semaines pour le congé maternité, mais rien n'interdit à un accord collectif de prévoir une durée supérieure.

B. Conflit entre règles de même niveau

Lorsque les règles se trouvent au même niveau, le mécanisme de hiérarchisation n'est d'aucune utilité. Dans ce cas, il faut déterminer laquelle de ces règles correspond au cas le plus général et laquelle correspond au cas le plus particulier. On **appliquera alors la loi spéciale et on écartera la loi générale**.

Ainsi, l'article 1359 du Code civil, ayant valeur législative, indique qu'un contrat au-delà d'une certaine somme (1 500 €) ne peut être prouvé que par un certain type de preuve : l'acte authentique ou l'acte sous signature privée. L'article L 110-3 du Code de commerce, ayant aussi valeur législative, indique qu'entre commerçant la preuve est libre, c'est-à-dire que n'importe quel moyen de preuve peut être utilisé. Comment prouver un contrat de 3 000 € passé entre commerçants ? Par un acte authentique ou sous signature privée en application du Code civil ou bien par n'importe quel moyen en application du Code de commerce ? La règle générale est celle du Code civil, applicable à tout type de contrat. La règle spéciale est celle du Code de commerce, applicable aux seuls commerçants. C'est cette dernière qui sera utilisable dans cet exemple, elle écarte la loi générale.

2. Le contrôle de la hiérarchie des normes

A. Contrôle de constitutionnalité : le Conseil constitutionnel

Le Conseil constitutionnel est un organe destiné à contrôler le respect de la Constitution par les autres règles de droit. Il est composé de 9 membres nommés pour 9 ans, 3 par le Président de la République, 3 par le président de l'Assemblée nationale, 3 par le président du Sénat. S'y ajoutent, comme membres de droit, les anciens Présidents de la République.

Malgré des avancées récentes, le contrôle qu'il exerce est imparfait. Tout d'abord, parce qu'il ne vérifie la conformité à la Constitution que de certaines règles : les traités internationaux et la loi non référendaire. Les lois de transposition des directives européennes échappent au contrôle du conseil constitutionnel qui n'a pas compétence pour se prononcer, même indirectement, sur la constitutionnalité des règles de droit européen. Ensuite, parce que ce contrôle n'est systématique que dans deux cas : les lois organiques et les règlements intérieurs des assemblées parlementaires. Ainsi, le contrôle de constitutionnalité des lois simples est facultatif et n'intervient que si le Conseil constitutionnel a été saisi préalablement à la promulgation de cette loi (contrôle a priori). Cette **saisine** (nom donné au fait de déférer une loi au Conseil constitutionnel) ne peut être faite que par le Président de la République, par le Premier ministre, par le président d'une assemblée parlementaire, ou enfin par 60 députés ou 60 sénateurs. Si aucune de ces autorités politiques ne saisit le conseil constitutionnel, la loi sera promulguée, même si elle peut être contraire à la constitution.

En cas de saisine, si le conseil constitutionnel considère que certaines dispositions de la loi sont anticonstitutionnelles, celles-ci ne peuvent pas être promulguées. Il est aussi possible que le conseil constitutionnel autorise la promulgation de la loi mais en l'assortissant de réserves d'interprétation qui l'encadreront.

Depuis 2010, il est cependant possible de contrôler a posteriori la constitutionnalité d'une loi en utilisant la **question prioritaire de constitutionnalité.** C'est un mécanisme particulier qui, par voie d'exception (voir paragraphe suivant) permet à un citoyen de contester la conformité à la constitution d'une loi déjà promulguée et qui lui est opposée lors d'un procès. La loi existe, le juge qui doit trancher le procès, sur demande d'une des parties au procès, va demander au Conseil constitutionnel d'en vérifier la constitutionnalité. Si ce dernier conteste la loi, elle sera alors abrogée.

B. Contrôle de légalité : les juridictions administratives

Il s'agit de vérifier qu'une disposition réglementaire (décret ou arrêté) est conforme à la loi. Ce contrôle concerne naturellement les règlements d'application des lois et est exercé par toutes les juridictions administratives.

La question est plus délicate concernant les règlements autonomes. La jurisprudence considère que ces derniers, même s'ils sont autonomes vis-à-vis de la loi, doivent respecter les principes généraux du droit, qui ont valeur législative. Ils sont donc aussi soumis au contrôle de légalité.

Le juge administratif vérifie aussi qu'un acte réglementaire est bien conforme à un traité international, que ce règlement soit autonome ou soit pris en application d'une loi contraire à un traité. En effet, depuis l'arrêt Nicolo de 1989, le Conseil d'État accepte de ne pas appliquer une loi manifestement contraire à un traité international, et donc écartera un règlement pris en application de cette loi contraire au traité.

Par contre, le Conseil d'État refuse d'écarter une disposition réglementaire prise en application d'une loi qui serait manifestement contraire à la constitution, et refuse donc d'en vérifier la constitutionnalité. C'est ce que l'on appelle la théorie de la loi-écran entre l'acte réglementaire et la constitution. Par contre, si l'acte réglementaire n'est pas pris en application d'une loi et qu'il n'y a donc aucun écran entre le règlement et la Constitution, le juge administratif peut contrôler la conformité du règlement à la Constitution.

Deux mécanismes permettent ce contrôle de la légalité d'un règlement :

- Le **recours pour excès de pouvoir** : un justiciable considère qu'un règlement n'est pas conforme à une norme supérieure. Dans un certain délai à partir de la publication de cet acte (deux mois en principe), il forme un recours contentieux devant le juge administratif, le recours pour excès de pouvoir, afin de demander l'annulation de ce règlement. Il s'agit donc d'un contrôle a priori.
- L'**exception d'illégalité** : lorsque le délai d'action de deux mois est dépassé, il n'est plus possible d'exercer un recours pour excès de pouvoir. Mais une action *a posteriori* est possible en utilisant l'exception d'illégalité : celui qui conteste la légalité du règlement demande au juge, lors d'un procès, de constater l'illégalité et de ne pas appliquer ce règlement. L'avantage de cette procédure, dite par voie d'exception, est de ne pas être enfermée dans un délai. Son inconvénient est que l'acte illégal n'est pas anéanti. Il est simplement déclaré inapplicable au procès en cours.

EXERCICE

Les textes ci-dessous semblent se contredire. Indiquez pourquoi ce n'est pas le cas. Précisez dans quel cas ils sont applicables.

NB: la prescription dont il est question ici est le délai au bout duquel une personne perd un droit en raison de son inaction.

Article L 133-6 du Code de commerce: « Les actions pour avaries, pertes ou retards, auxquelles peut donner lieu contre le voiturier (transporteur) le contrat de transport, sont prescrites dans le délai d'un an, sans préjudice des cas de fraude ou d'infidélité ».

Article 2224 du Code civil: « Les actions personnelles ou mobilières se prescrivent par cinq ans à compter du jour où le titulaire d'un droit a connu ou aurait dû connaître les faits lui permettant de l'exercer ».

Article L 218-2 du code de la consommation: « L'action des professionnels, pour les biens ou les services qu'ils fournissent aux consommateurs, se prescrit par deux ans ».

SOLUTION

1. Ces trois textes sont situés au même niveau dans la hiérarchie des normes: ils ont une valeur législative. Le Code civil est entièrement constitué de lois. Les deux autres articles sont précédés de la lettre L, ce qui signifie qu'ils ont été créés par une loi ou un texte équivalent. Ils pourraient sembler contradictoires car chacun crée un délai de prescription différent: 5 ans pour le Code civil, 2 ans pour le code de la consommation, 1 an pour le Code de commerce.

Cette contradiction apparente se résout en appliquant le principe selon lequel les règles spéciales dérogent aux règles générales. Il faut donc classer chacun de ces textes, du plus spécifique au plus général.

Le texte tiré du Code de commerce est celui dont le champ d'action est le plus restreint. Il concerne les actions menées contre un transporteur et concernant le contrat de transport: la prescription sera alors d'un an dans ces cas-là et on écartera les prescriptions de 2 et 5 ans.

Le texte tiré du code de la consommation est un peu plus général. Il concerne les prestations de service fournies par des professionnels à des consommateurs. Lorsqu'un particulier confie un colis à un transporteur, il s'agit d'une prestation de service entre un professionnel et un consommateur. Par contre, comme il s'agit d'un contrat de transport, c'est la prescription d'un an spécifique au contrat de transport qui s'appliquera dans ce cas-là.

La prescription de deux ans du code de la consommation concernera les autres prestations de services, comme les contrats d'abonnement téléphonique par exemple.

Enfin, le texte du Code civil qui pose une prescription de cinq ans est le plus général. Il concerne tous les autres contrats, tous ceux qui ne sont pas visés par une prescription particulière comme les précédents. Ainsi, l'action que pourrait intenter un particulier contre un autre particulier en remboursement d'une somme d'argent prêtée entre eux sera prescrite par cinq ans : ce n'est pas un contrat de transport, ce n'est pas une prestation de service entre professionnel et particulier.

CAS PRATIQUE

Mme Durand est salariée dans une grande entreprise française. Elle est enceinte et se pose de nombreuses questions sur ses droits aux congés de maternité. Dans son contrat de travail, il est écrit qu'elle a droit à un congé de maternité de douze semaines : six avant la date présumée de l'accouchement et six après. Elle a trouvé sur internet l'article L 1225-17 du Code du travail : « La salariée a le droit de bénéficier d'un congé de maternité pendant une période qui commence six semaines avant la date présumée de l'accouchement et se termine dix semaines après la date de celui-ci ». Pour ajouter à sa confusion, un collègue syndicaliste lui donne un exemplaire de la convention collective applicable à son entreprise et elle y découvre un congé de maternité d'une durée de dix-huit semaines : huit avant la date présumée de l'accouchement et dix après.

À quelle durée de congés de maternité peut-elle prétendre ?

Juste avant de partir en congés de maternité, elle reçoit un bulletin de salaire mentionnant le paiement d'heures supplémentaires. Elle s'étonne de voir que ces heures ne sont majorées que de 10 % alors qu'elle a trouvé dans le Code du travail un article L 3121-36 ainsi rédigé : « A défaut d'accord, les heures supplémentaires (...) donnent lieu à une majoration de salaire de 25 % pour chacune des huit premières heures supplémentaires. Les heures suivantes donnent lieu à une majoration de 50 %. » et un article L 3121-33 ainsi rédigé « I.-Une convention ou un accord collectif d'entreprise ou d'établissement ou, à défaut, une convention ou un accord de branche :

1° Prévoit le ou les taux de majoration des heures supplémentaires accomplies au-delà de la durée légale ou de la durée considérée comme équivalente. Ce taux ne peut être inférieur à 10 % ; [...] »

Pensez-vous que son employeur a fait une erreur dans le calcul de la majoration des heures supplémentaires ?

SOLUTIONS

Congés de maternité : Mme Durand peut prétendre à une durée de congés maternité de dix-huit semaines.

En effet, la durée de seize semaines prévue par le Code du travail est une durée minimale, destinée à protéger le salarié. Les douze semaines prévues par son contrat de travail ne sont donc pas applicables : le contrat de travail est une règle négociée. L'ordre public dérogatoire (le principe de faveur), applicable en droit du travail, fait qu'une règle inférieure ne peut déroger à une norme supérieure que si elle est plus favorable au salarié. Ce n'est pas le cas de ce contrat de travail, qui sera donc écarté sur ce point.

Par contre, la durée de dix-huit semaines prévue par la convention collective est plus favorable à la salariée que la durée de seize semaines du Code du travail. L'application du même principe de faveur conduit donc à écarter le Code du travail pour appliquer la convention collective qui est une règle de droit négocié.

Majoration des heures supplémentaires : il s'agit ici d'un cas particulier. Normalement, le principe de faveur voudrait que la règle négociée (la convention collective) ne puisse qu'être plus favorable au salarié. La loi peut pourtant préciser expressément qu'elle est supplétive, c'est-à-dire qu'un texte inférieur puisse ne pas la respecter, favorable ou non au salarié. L'article L 3121-36 du Code du travail est bien une règle supplétive. Il dispose que la majoration des heures supplémentaires est de 25 % SAUF si une convention collective prévoit un chiffre différent, qui peut être inférieur tant qu'il ne descend pas en dessous de 10 % (L 3121-33 c. trav.), seule règle impérative en la matière. Malgré ce dernier garde-fou, le principe de faveur propre au droit du travail, qui voulait qu'une règle supplétive ne puisse être écartée que si elle est favorable au salarié, est ici mis à mal. Le droit du travail a, semble-t-il, tendance à perdre cette spécificité dans de plus en plus de cas et à se rapprocher des règles supplétives traditionnelles : on peut les écarter dans n'importe quel sens, par un accord de volonté.

RÉVISION - FICHES 6 À 7 - QCM

	VRAI	FAUX
1. La Constitution du 4 octobre 1958 est le seul texte à portée constitutionnelle en France.	☐	☐
2. La loi est la règle de droit qui a pour caractéristique d'être votée par le Parlement.	☐	☐
3. Une loi au sens strict peut intervenir dans n'importe quelle matière.	☐	☐
4. Le gouvernement peut prendre dans certains cas des textes qui empiètent sur le domaine réservé à la loi stricte.	☐	☐
5. Le gouvernement partage le pouvoir législatif avec le Parlement	☐	☐
6. Une directive européenne est différente du règlement européen car elle ne peut pas être directement invoquée par un justiciable.	☐	☐
7. La jurisprudence est une source du droit au même titre que la loi ou le règlement.	☐	☐
8. La Constitution est la norme la plus élevée dans la hiérarchie des règles de droit.	☐	☐
9. Un règlement autonome ne doit se conformer qu'aux traités internationaux et à la Constitution.	☐	☐
10. Une règle inférieure doit toujours respecter les règles de niveau supérieur dans la hiérarchie des normes.	☐	☐
11. Il n'est pas possible de contester un règlement une fois que le délai de recours est passé.	☐	☐
12. Si une loi n'a pas été déférée au Conseil constitutionnel avant sa promulgation, son inconstitutionnalité éventuelle ne peut plus être relevée.	☐	☐

Solutions

1 F (bloc de constitutionnalité) ; 2 V; 3 F (article 34 de la Constitution) ; 4 V (les ordonnances, sur autorisation du Parlement) ; 5 V ; 6 V (sauf quand son délai de transposition a été dépassé) ; 7 F ; 8 V (mais on peut noter que lorsqu'elle est contraire à certains traités internationaux, la Constitution est modifiée. La hiérarchie est respectée) ; 9 F (il doit se conformer aux principes généraux du droit) ; 10 F (existence de règles supplétives) ; 11 F (mécanisme de l'exception d'illégalité) ; 12 F (Question prioritaire de constitutionnalité, qui créé un cas d'exception d'inconstitutionnalité).

Fiche 8

Application de la règle dans le temps

1. La durée de la règle de droit
2. Conflit de loi dans le temps

- **Objectif :** Comprendre la notion de conflit de loi dans le temps. Connaître les principes permettant de les résoudre
- **Prérequis :** Fiches 6 et 7
- **Mots-clefs :** Entrée en vigueur ; abrogation ; publication ; conflit de loi ; non-rétroactivité ; principe d'application immédiate

1. La durée de la règle de droit

Pour qu'une règle de droit entre en vigueur, elle doit remplir certaines conditions. Tout d'abord, elle doit avoir été régulièrement prise par une autorité compétente (la loi est votée par le Parlement, le décret est signé par le Président de la République...). Ensuite, s'il s'agit d'une loi, elle doit être **promulguée** : dans les 15 jours suivant son adoption, le Président de la République la signe afin de constater qu'elle a été régulièrement adoptée et ordonne son entrée en vigueur. Aucune procédure de promulgation spécifique n'existe pour les autres textes, car leur seule signature par l'autorité qui les prend suffit (ministre, préfet ou maire).

Il faut ensuite que la règle de droit soit **publiée**. Cette publication se fait au journal officiel de la République française s'il s'agit d'une loi, d'un traité ou d'un décret. Elle peut se faire par voie d'affichage ou par d'autres techniques pour les arrêtés. Une fois cette publication effectuée, la règle entre en vigueur soit à la date qu'elle fixe soit, à défaut de date précisée expressément, le lendemain de cette publication (art. 1 Code civil).

La règle de droit s'applique de manière continue et n'a pas, en principe, vocation à disparaître au bout d'un certain temps. Elle peut cependant être anéantie. La procédure habituelle pour faire disparaître une règle de droit est celle de l'abrogation. Un texte peut être **expressément abrogé** lorsqu'il est détruit clairement par un autre texte ayant une place identique ou supérieure dans la hiérarchie des normes : une loi peut abroger sans ambiguïté une loi ou un décret d'application antérieur. Il peut aussi être **abrogé tacitement**, lorsqu'un nouveau texte d'une autorité identique ou supérieure contredit un texte plus ancien sans cependant mentionner expressément l'abrogation de ce dernier. Par contre, **l'abrogation par désuétude**, c'est-à-dire la disparition d'un texte par sa non-application, n'est normalement pas possible.

2. Conflit de loi dans le temps

Une règle de droit peut entrer en conflit avec une autre prise antérieurement, sans que cette contradiction ne puisse être interprétée comme une abrogation tacite. Par exemple, une personne construit un bâtiment sur un terrain en respectant les normes d'urbanismes en vigueur au moment de cette construction. Quelques années plus tard, les règles d'urbanismes changent et son bâtiment ne les respecte plus. Quelles en seront les conséquences sur cette construction ?

Une première solution à ce problème peut se trouver dans la loi elle-même : elle prévoit des **dispositions transitoires** qui indiquent comment régler les situations juridiques qui ont démarré sous l'empire de la loi ancienne et se poursuivent alors que la nouvelle est entrée en vigueur. Un exemple en est donné par la loi du 22 août 2008 sur la représentativité syndicale. Les anciennes règles indiquaient à quelles conditions un syndicat pouvait être considéré comme représentatif, et donc, par exemple, négocier et signer des accords collectifs. La nouvelle loi modifie ces règles en indiquant que désormais la représentativité syndicale s'apprécie selon les résultats des syndicats aux élections professionnelles. Elle prévoit tout un ensemble de dispositions transitoires indiquant comment apprécier cette représentativité jusqu'aux prochaines élections professionnelles si celles-ci n'ont lieu que plus tard.

L'article 2 du Code civil indique deux principes qui s'appliqueront à défaut de dispositions transitoires expresses :

- La loi **ne dispose que pour l'avenir** : elle s'applique automatiquement à toute situation juridique nouvelle qui naît après son entrée en vigueur et elle s'applique à tous ses effets. Dans l'exemple du schéma ci-dessous, la loi nouvelle s'applique à la situation juridique car elle est née postérieurement à son entrée en vigueur et ses effets sont postérieurs à son entrée en vigueur.

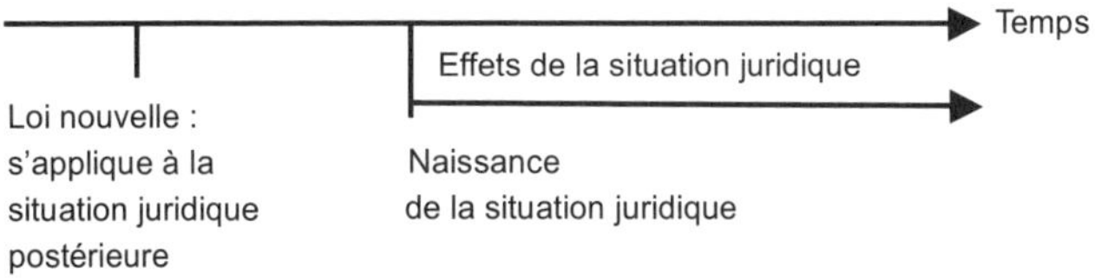

Ce principe connaît cependant des exceptions. Une loi peut décider expressément qu'elle ne s'applique pas immédiatement et qu'elle ne sera applicable qu'à partir d'une date future. On a dit aussi qu'une loi peut décider expressément de périodes transitoires pendant lesquelles elle ne s'applique que partiellement. Elle prévoit alors les conditions auxquelles se continue temporairement l'ancienne loi.

- La loi **n'a pas d'effet rétroactif** : elle ne peut pas modifier des situations juridiques qui se sont produites avant son entrée en vigueur. Dans l'exemple du schéma ci-dessous, la loi nouvelle ne sera pas applicable à la situation juridique ni à ses effets, car cette situation est née alors que la loi nouvelle n'était pas encore entrée en vigueur et ses effets se sont terminés alors qu'elle n'était pas encore entrée en vigueur.

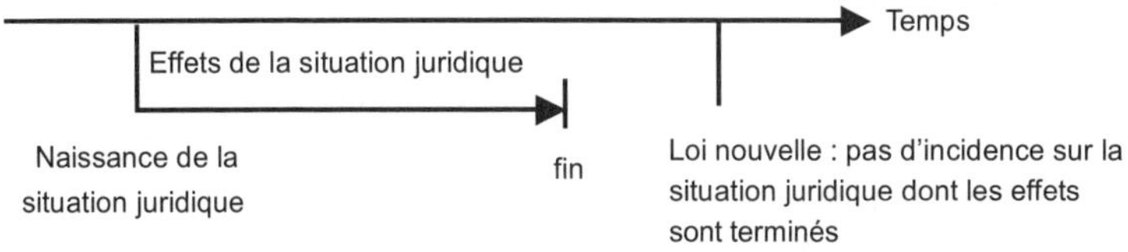

Par exception au principe, une loi peut déclarer expressément qu'elle est rétroactive et qu'elle s'applique aussi aux situations juridiques créées avant son entrée en vigueur. Cette rétroactivité voulue de la loi est cependant tempérée de deux façons. Tout d'abord, une loi pénale plus dure ne peut jamais être rétroactive (principe constitutionnel et art. 7 de la convention européenne des droits de l'homme). Ensuite, la Cour européenne des droits de l'homme, interprétant l'article 6.1 de la convention européenne des droits de l'homme (droit à un procès équitable) indique que si en principe le pouvoir législatif peut créer en matière civile des règles rétroactives, il lui est impossible d'influer sur le dénouement judiciaire d'un litige en cours par une loi rétroactive, sauf s'il justifie d'impérieux motifs d'intérêt général.

Ainsi présentée, la solution semble simple. La réalité est beaucoup plus complexe. En effet, une situation juridique peut naître sous l'empire d'une règle de droit et ses effets se continuer pendant un temps fort long, dans lequel les règles applicables sont modifiées. Doit-on continuer à appliquer la règle en vigueur au moment de la survenance de la situation juridique ou doit-on appliquer les nouvelles règles au fur et à mesure de leur publication ?

Plusieurs cas peuvent se présenter :

- **Situation juridique créée par la loi** et non par la volonté des parties concernées : mariage et divorce, responsabilité en matière d'accidents, succession... Les principes d'application immédiate et de non-rétroactivité produisent tous leurs effets : les effets passés de la situation juridique ne sont pas modifiés par la loi nouvelle, mais les effets futurs de la situation juridique se verront appliquer la loi nouvelle. Ainsi, si un accident blesse une personne, ce sont les règles en vigueur au moment de l'accident qui sont appliquées. Par contre, si ensuite l'état de santé de la victime se dégrade quelques années plus tard, en raison de cet accident, et si les règles d'indemnisation sont modifiées, un nouveau dommage causé par cet accident se verra appliquer la loi nouvelle (application immédiate de la loi nouvelle aux nouveaux dommages). Par contre, l'indemnisation déjà acquise sous l'emprise de l'ancienne loi n'est pas remise en question (non-rétroactivité de la loi nouvelle aux dommages déjà indemnisés).
- **Situation juridique créée par la volonté des parties** : le contrat. Par exception au principe d'application immédiate de la loi nouvelle, l'ancienne loi continue à s'appliquer aux effets futurs d'un contrat passé sous l'empire de cette ancienne loi. La loi nouvelle n'est plus d'application immédiate pour les contrats en cours : c'est l'ancienne loi qui s'applique à leurs effets futurs.

  Cette exception connaît elle-même une exception. Lorsque la loi, ou parfois le juge, estiment qu'il est important qu'elle s'applique à tous, les contrats, même ceux passés antérieurement à sa publication, elle peut prévoir qu'elle est d'application immédiate pour les effets futurs de tous les contrats, mêmes conclus antérieurement. On parle alors de loi d'ordre public. C'est fréquemment le cas en droit du travail ou en matière de baux (locations), éventuellement en droit de la consommation. En effet, le législateur estime souvent dans ces matières que si la loi a changé, c'est qu'elle est meilleure que l'ancienne, notamment parce qu'elle protège mieux la partie considérée comme la plus faible (le salarié, le consommateur, le locataire). Il faut donc l'appliquer à tous les contrats, mêmes anciens.
- **Loi pénale plus dure** : si une nouvelle loi pénale vient durcir une situation existante (peines aggravées, création d'une nouvelle infraction...), la loi pénale ancienne continue de s'appliquer aux comportements ou infractions commis sous l'empire de cette ancienne loi, même si la personne est poursuivie alors que la loi nouvelle est entrée en vigueur.

- **Loi pénale plus douce** : si une nouvelle loi pénale vient adoucir une situation existante, cette nouvelle loi s'applique immédiatement, même aux infractions commises sous l'empire de l'ancienne loi, à condition qu'elles n'aient pas été jugées et qu'il y ait encore des possibilités de recours. On parle ici de rétroactivité *in mitius*.

EXERCICES

1. Mlle Durand est verbalisée sur le fondement de l'article R 645-14 du Code pénal, créé par un décret du 19 juin 2009, parce qu'elle circulait à vélo en revenant du défilé du 1er mai 2017, la tête recouverte d'une cagoule. Ce texte dispose qu'« est puni de l'amende prévue pour les contraventions de la cinquième classe le fait pour une personne, au sein ou aux abords immédiats d'une manifestation sur la voie publique, de dissimuler volontairement son visage afin de ne pas être identifiée dans des circonstances faisant craindre des atteintes à l'ordre public ». L'amende maximale est alors de 1 500 € et de 3 000 € en cas de récidive. Elle conteste l'amende qui lui est infligée en indiquant qu'elle n'avait pas eu connaissance de ce texte. Que pensez-vous de son argumentation ?

2. Mlle Durand, décidément fort malchanceuse, est en conflit avec son fournisseur d'accès à internet. En effet, au mois de février 2017, elle a du appeler le service client de ce prestataire en raison d'un dysfonctionnement de leur service. Avant de pouvoir poser son problème à un technicien, elle a du attendre 20 minutes en écoutant de la musique et ce temps d'attente lui a été facturé 34 centimes la minute. Elle a lu que la loi du 3 janvier 2008, entrant en vigueur le 1er juin 2008, prévoit que ces temps d'attente doivent être gratuits si elle appelle depuis le réseau de cet opérateur, ce qui a été le cas. Le fournisseur d'accès internet prétend que comme son abonnement a commencé le 24 mai 2006, la nouvelle loi imposant la gratuité des temps d'attente ne s'y applique pas. Pensez-vous qu'elle puisse contester cette facturation ?

3. M. et Mme Souci sont mariés et ont eu un fils le 20 février 2002. Cet enfant porte le nom de son père et s'appelle donc Gaspard Souci. Ils apprennent qu'une loi du 1er janvier 2005 a modifié le Code civil et permet, entre autres, que soient transmis aux enfants le nom du père et de la mère accolés. Le nom de jeune fille de Mme Souci étant Marjolaine, ils souhaitent profiter de cette nouvelle possibilité et que leur fils s'appelle désormais Gaspard Souci-Marjolaine. Est-ce possible ?

SOLUTIONS

1. Sauf dispositions spéciales, ce qui n'est pas le cas ici, la règle de droit (un règlement qui crée une nouvelle infraction), entre en vigueur le lendemain de sa publication. Cette entrée en vigueur se fait sans aucune autre formalité et Mlle Durand ne peut pas se prévaloir d'une ignorance de la règle pour contester l'amende. C'est le principe d'application immédiate de la loi nouvelle.

2. La question est de savoir si cette nouvelle loi est applicable aux effets futurs (appel à l'assistance client en février 2017) d'une situation juridique née avant son entrée en vigueur (contrat du 24 mai 2006, loi applicable au 1er juin 2008). Il s'agit ici d'une situation contractuelle. La sécurité juridique veut donc, en principe, que ce soit la loi ancienne qui continue de s'appliquer, même aux effets futurs du contrat. Le fournisseur d'accès à internet semble donc dans son droit en n'appliquant pas la nouvelle loi. Par contre, ce principe propre aux situations contractuelles, connaît une importante exception : lorsque la loi est d'ordre public, par exemple pour protéger la partie la plus faible dans un contrat économiquement déséquilibré. C'est le cas de cette loi du 3 janvier 2008. Mlle Durand a donc raison de contester la facturation du temps d'attente : cette loi s'applique exceptionnellement aux effets futurs des contrats passés avant son entrée en vigueur, parce qu'elle le prévoit expressément.

3. La naissance du petit Gaspard n'est ni une situation contractuelle ni une infraction pénale. C'est donc le principe de l'article 2 du Code civil qui s'applique : la loi nouvelle n'est pas rétroactive. L'enfant a acquis son nom à sa naissance : il s'est immédiatement appelé Gaspard Souci. Comme, fort heureusement, il continue à vivre lorsqu'entre en vigueur la nouvelle loi permettant la transmission du nom de la mère, cette nouvelle loi ne peut cependant pas modifier une situation juridique passée. Gaspard gardera son nom et ne sera pas concerné par les nouvelles modalités d'attribution du nom de famille qui ne s'appliqueront qu'aux enfants nés après son entrée en vigueur.

Fiche 9
Application de la règle dans l'espace

1. Le problème
2. Le choix du droit applicable
3. Le choix du juge compétent

- **Objectif :** Comprendre la notion de conflit de loi dans l'espace. Aborder les principes permettant de les résoudre
- **Prérequis :** Fiches 6 et 7
- **Mots-clefs :** Souveraineté; loi territoriale; loi personnelle; traités internationaux; identité législative; spécialité législative

1. Le problème

La France est un État souverain, c'est-à-dire qu'elle est libre d'organiser son système juridique et de créer ses propres règles de droit. Mais elle n'est pas le seul État au monde et elle doit tenir compte des **systèmes juridiques étrangers**. Ainsi, pour une situation juridique donnée, il peut être délicat de savoir si c'est la loi française qui s'appliquera ou si c'est la loi étrangère. De même, en cas de litige comportant un élément d'extranéité (plusieurs pays en jeu), il peut être délicat de trouver quel sera le pays dont les juridictions seront compétentes.

Par exemple, dans le cas du mariage d'une Française avec un Malien prononcé par un juge de Las Vegas aux États Unis d'Amérique, il peut être délicat de savoir quelle sera la loi qui régira cette union. Il en est de même quand un transporteur français charge une marchandise en Espagne pour le compte d'un client britannique et que cette marchandise sera livrée en Allemagne.

En outre, la loi française ne s'applique pas de manière uniforme sur l'ensemble du territoire. Les **départements et les régions d'outre-mer** présentent certaines spécificités. Même si s'applique dans les départements d'outre mer le régime de **l'identité (ou l'unité) législative** (les règles métropolitaines s'appliquent, en principe, automatiquement dans ces départements), des adaptations sont possibles. De même, les collectivités locales de ces départements ont un champ de compétence élargi et peuvent intervenir dans des matières réservées à l'État en métropole, ce qui fait qu'elles peuvent prendre des règles qui ne s'appliquent que dans cette collectivité d'outre mer.

À côté des départements et région d'outre-mer, existent des **collectivités d'outre-mer**. Chacune d'elles a un statut spécifique tenant compte de ses particularités. Elles présentent néanmoins un point commun : le principe de **spécialité législative** et d'autonomie. Une règle métropolitaine ne s'y applique que si elle le prévoit expressément, à défaut elle n'existe pas. En outre, les instances délibérantes de ces collectivités spécifiques ont une encore plus grande autonomie pour créer leurs propres règles dans des matières réservées à l'État en métropole.

2. Le choix du droit applicable

Pour connaître le droit applicable à une situation précise lorsque des nationalités différentes sont impliquées, il faut faire appel à une branche spécifique du droit, le droit international privé, dont l'étude dépasse le cadre de cet ouvrage. Quelques principes généraux issus de l'article 3 du Code civil peuvent cependant être exposés, tout en gardant à l'esprit qu'ils ne suffisent pas à régler l'ensemble des situations particulières.

- Certaines règles de droit s'appliquent sur l'ensemble du territoire français à toute personne s'y trouvant, quelle que soit sa nationalité. Ce sont les **lois territoriales**. Ce sont des lois d'ordre public, le Code civil parle des lois de police et de sûreté, qui garantissent l'intérêt général et qui écartent systématiquement la loi étrangère dès que les individus ou situations concernés sont en France, même si ces individus sont de nationalité étrangère.

  C'est le cas, par exemple, de l'ensemble des lois pénales : si le Code de la route français sanctionne un excès de vitesse sur autoroute, un étranger roulant en France doit respecter cette limitation de vitesse, même si dans son pays elle n'existe pas. Le simple fait de rouler sur une autoroute française rend la règle applicable à tous.

  C'est aussi le cas des lois concernant les immeubles : on applique la loi française pour un immeuble situé en France, même si son propriétaire est de nationalité étrangère.

C'est aussi le cas des lois concernant la responsabilité extracontractuelle (ou délictuelle), c'est-à-dire l'indemnisation des dommages causés par des accidents, indépendamment de tout contrat entre le responsable et la victime. Plus généralement, le système de la territorialité des lois s'applique à tous les faits juridiques (voir la définition précise de cette notion dans la fiche n° 18).

- D'autres règles s'appliquent à tous les Français, quel que soit le pays dans lequel ils se trouvent. Ce sont les **lois personnelles** : celles concernant l'état (nationalité, domicile, situation matrimoniale par exemple) et la capacité (possibilité d'agir en justice, de posséder des droits et des obligations) des personnes. C'est la loi de la nationalité de la personne qui s'applique, quel que soit le lieu où se trouve cette personne. Ainsi, si un Français marié divorce à l'étranger (hors Union européenne), son divorce n'est pas automatiquement reconnu par l'état civil français et doit, pour produire des effets en France, faire l'objet d'une procédure spécifique.

La place des **traités internationaux** : il est fréquent que les États négocient des traités internationaux prévoyant des dispositions spécifiques afin de régler, dans une matière particulière, les situations où différentes nationalités se rencontrent. Dans ce cas, ce sont les dispositions spéciales des traités qui s'appliquent et qui écartent les règles nationales, ces dernières n'ayant alors plus vocation à s'appliquer.

Ce mécanisme est souvent utilisé en matière fiscale, ou des conventions bilatérales de non-imposition précisent la fiscalité des Français résidant à l'étranger et/ou percevant des revenus de source étrangère : sont-ils imposés pour l'ensemble ou pour partie de leurs revenus selon les règles françaises ou selon les règles étrangères ? La réponse se trouve dans une convention applicable entre la France et le pays concerné.

On le retrouve aussi en matière de contrat de transport internationaux. Par exemple, la convention dite C.M.R. régit les contrats de transport internationaux par route de marchandise au départ de la France. En transport aérien, c'est soit la convention de Varsovie soit celle de Montréal, en transport maritime, celle de Bruxelles ou celle de Hambourg.

3. Le choix du juge compétent

Dans l'exemple donné en début de fiche, si la marchandise transportée arrive abîmée en Allemagne, devant quel juge son propriétaire doit-il intenter une action en justice s'il n'arrive pas à obtenir indemnisation à l'amiable ? La encore, la réponse précise à cette question fait l'objet du droit international privé et dépasse le cadre de cet ouvrage.

En principe, même si de nombreuses exceptions existent, une action en justice doit se faire devant le domicile du défendeur. Si l'expéditeur britannique ou le destinataire allemand attaquent le transporteur français, ce conflit est donc tranché devant un tribunal français.

Par contre, le fait que le litige soit porté devant un juge français ne signifie pas que celui-ci applique systématiquement la loi française. Dans ce cas précis, puisqu'il existe une convention internationale (C.M.R.) qui règle les relations contractuelles lors du transport de marchandise par route, c'est elle que le juge français appliquer à la place des règles spécifiquement françaises sur le transport de marchandises.

Un autre exemple de cette complexité est encore donné par le droit des transports : un juge français peut être amené à appliquer le droit brésilien lors d'un dommage survenu à une marchandise dans le dernier tronçon, fait par route, à l'occasion d'une expédition maritime entre la France et une ville à l'intérieur des terres brésiliennes.

EXERCICES

Dans chacune des situations suivantes, indiquez en justifiant votre réponse, quel serait le pays dont la loi serait applicable.

1. M. Gonzales, de nationalité espagnole, circule à bord de sa voiture sur l'autoroute A9 entre Narbonne et Béziers. Une violente rafale de vent au niveau de la commune de Fleury d'Aude fait qu'il perd le contrôle de son véhicule, défonce la barrière de sécurité et va s'écraser dans un jardin en contrebas de l'autoroute. Il abîme un appentis et des cultures appartenant à Mme Delbourg, de nationalité canadienne, qui avait acheté une propriété dans ce paisible village.

2. À l'occasion de cet accident, le voisin de Mme Delbourg, M. Fontas, se rend compte que celle-ci avait fait, à son insu, une dérivation sur son compteur électrique pour alimenter une ampoule basse consommation dans son propre cabanon. Alors qu'il lui réclame réparation et souhaite faire cesser cet abus, elle lui objecte, texte à l'appui, qu'une loi canadienne (inventée pour cet exercice !) autorise une personne à se brancher sur le compteur de son voisin dès lors que la consommation annuelle ne dépasse pas 5 kW.

3. Alors qu'elle rentrait au Canada voir sa famille, Mme Delbourg a été blessée, au-dessus de l'océan Atlantique, par un siège défectueux dans

l'avion de Continental Airlines, compagnie américaine, qui lui faisait faire le voyage entre Paris et Montréal.

SOLUTIONS

Dans chacune de ces situations, il faut déterminer si la loi applicable fait partie de la catégorie des lois personnelles ou de celle des lois territoriales. Dans le premier cas, c'est la loi de la nationalité de la personne concernée qui sera mise en jeu. Dans le second cas, c'est la loi du lieu où est survenu l'événement qui pourra être utilisée. Enfin, dans certaines situations particulières, il faut vérifier s'il n'existe pas une convention internationale qui s'appliquerait, indépendamment des nationalités des protagonistes ou du lieu.

1. Il s'agit d'un accident de la circulation. L'indemnisation d'une victime dans le cadre de la responsabilité extracontractuelle est de nature territoriale : peu importe la nationalité des personnes concernées, on applique la loi française dès lors que l'accident est survenu en France, ce qui est le cas ici.

2. Le branchement électrique sauvage peut s'analyser de deux façons. D'une part, il s'agit d'un détournement d'énergie sanctionné par l'article L 311-2 du Code pénal : infraction pénale, soumise au principe de territorialité des lois. Peu importe que Mme Delbourg et la loi canadienne ne connaissent pas cette infraction : elle est commise en France, c'est la loi française qui s'applique. D'autre part, il s'agit d'un dommage causé par Mme Delbourg à M. Fontas, c'est-à-dire un fait juridique. Là encore, pour déterminer l'éventuelle indemnisation de la victime, c'est la loi française qui s'appliquera.

3. Il s'agit d'un contrat de transport de voyageur aérien entre une personne de nationalité canadienne, avec une compagnie des États-Unis d'Amérique, entre la France et le Canada. Le juge français aura bien du mal à savoir quel sera le droit applicable pour résoudre ce problème. Fort heureusement, il existe deux conventions internationales destinées à organiser les relations contractuelles entre les compagnies aériennes et leurs clients : la convention de Varsovie et celle de Montréal. Ces conventions sont le droit applicable et écartent donc la question du choix d'un droit national. La difficulté sera de choisir quelle convention est applicable. Il faut pour cela vérifier quelle convention est ratifiée à la fois par la France et le Canada.

RÉVISION - FICHES 8 À 9 - QCM

	VRAI	FAUX
1. La loi entre immédiatement en vigueur dès lors qu'elle a été régulièrement votée par le Parlement.	☐	☐
2. Une règle de droit peut être abrogée tacitement, c'est-à-dire quand une nouvelle règle de portée égale ou supérieure la contredit.	☐	☐
3. Une règle de droit ne peut jamais être rétroactive.	☐	☐
4. Quand une loi nouvelle entre en vigueur, elle ne s'applique pas automatiquement aux effets futurs des contrats passés antérieurement.	☐	☐
5. La loi française s'applique automatiquement à tout citoyen français, quel que soit l'endroit où il se trouve et quelle que soit la matière concernée.	☐	☐
6. Une loi personnelle est une loi faite sur mesure pour une personne donnée.	☐	☐
7. Le juge français peut appliquer, dans certains cas, des lois étrangères.	☐	☐
8. Dans certains litiges présentant un caractère d'extranéité, on pourra n'appliquer la loi d'aucun des pays concernés.	☐	☐

Solutions

1 F (elle doit être promulguée) ; 2 V ; 3 F (elle peut prévoir expressément qu'elle est rétroactive. La loi pénale plus douce est toujours rétroactive) ; 4 V (En principe, la loi ancienne continue de s'appliquer aux effets futurs des contrats passés avant l'entrée en vigueur de la nouvelle loi, sauf si cette dernière est d'ordre public) ; 5 F ; 6 F ; 7 V; 8 V (La matière peut être régie par un traité international qui écarte les lois nationales)

Deuxième partie

L'organisation judiciaire française

Le caractère original du droit objectif est que l'ensemble de règles, abstraites et impersonnelles, qu'il constitue est garanti par une sanction exercée par l'État. Il est inutile d'énoncer des règles si rien n'est prévu pour en assurer le respect. La puissance publique doit donc organiser un service public de la justice dont la fonction sera de mettre en œuvre les règles abstraites pour trancher les litiges survenant entre les citoyens ainsi qu'entre les citoyens et l'administration. Ce même service public de la justice a le monopole de la sanction, lui seul peut décider si la règle de droit a été transgressée ou non et décider d'appliquer des mesures coercitives à un individu.

La justice et l'organisation judiciaire reposent sur quelques grands principes (fiche n° 10) destinés à en garantir l'indépendance et l'impartialité, fondamentales dans une démocratie. L'État admet cependant, dans certains cas, ne pas avoir le monopole de la justice et permet des modes alternatifs de règlements des conflits (fiche n° 11). La justice privée est cependant l'exception, le recours au service public de la justice étant le principe. Cela se fait en respectant des règles de procédures strictes, qui seront présentées brièvement (fiche n° 12) et devant de nombreuses juridictions dont la compétence et l'organisation seront abordées : juridictions administratives (fiche n° 13) et juridictions judiciaires (fiche n° 14). Enfin, un procès réellement équitable ne peut être garanti que par l'existence de voies de recours (fiche n° 15), qui permettent de contester une décision de justice.

Fiche 10
Principes de l'organisation judiciaire

1. Le service public de la justice
2. Principes de compétence des juridictions

- **Objectif :** Connaître les grands principes de l'organisation de la justice en France
- **Prérequis :** Aucun
- **Mots-clefs :** Transaction ; instance ; aide juridictionnelle ; collégialité ; juge unique ; parquet ; ministère public ; compétence matérielle et territoriale

1. Le service public de la justice

Dans un monde parfait, les règles de droit devraient être respectées spontanément. C'est, fort heureusement, souvent le cas : le commerçant livre la marchandise commandée, le client la paye, le contribuable s'acquitte de ses impôts, l'officier de police judiciaire respecte le code de procédure pénale lors d'une garde à vue...

De même, il est fréquent qu'un litige se règle « à l'amiable », sans qu'il ne faille recourir à la justice pour départager les parties. Lorsque deux conducteurs ont un accident de la circulation, ils rempliront un « constat amiable » et ce sont leurs assureurs qui les indemniseront selon des règles contractuelles. Lorsque le transporteur livre une marchandise abîmée au destinataire, il peut proposer spontanément une indemnisation que ce dernier acceptera.

La **transaction** est ainsi prévue par les articles 2044 et suivants du Code civil. C'est « un contrat par lequel les parties terminent une contestation née, ou préviennent une contestation à naître ». Ce contrat termine le litige sans qu'il soit nécessaire de recourir au service public de la justice. Ce type de règlement d'un conflit est possible, voire encouragé, dans certaines matières (contentieux avec l'administration fiscale, droit des contrats, indemnisation d'accidents...) alors qu'il est interdit dans d'autres (divorce, droit pénal et plus généralement toute matière d'ordre public).

Mais il existe aussi de nombreux cas où la règle de droit ne sera pas spontanément respectée. Sa caractéristique principale est alors que son respect sera garanti par l'autorité publique, qui, normalement, a le monopole de sa sanction. Le service public de la justice est organisé à cet effet. C'est alors un magistrat, protégé des pressions par un statut particulier, qui tranchera le litige selon les règles de fond et de procédure du droit objectif, à l'occasion d'un procès que les juristes appellent une **instance**.

Ce service public de la justice présente certaines caractéristiques :

- La justice est **gratuite** : le jugement n'est pas payant, les magistrats et les fonctionnaires qui concourent directement au prononcé du jugement sont rémunérés par l'État. Cela ne signifie pas que « faire un procès » ne coûte rien. En effet, il existe de nombreux frais de procédure. De même, le recours aux auxiliaires de justice est payant. Il est parfois possible de faire un procès sans l'assistance de juristes, mais la technicité de certaines matières et la complexité des procédures rend le recours aux professionnels souvent fortement conseillé. Il est, par exemple, possible de se défendre seul dans une procédure pénale devant le tribunal de police, tout comme il est possible d'attaquer sans avocat son employeur devant le conseil des prud'hommes. Ce peut être risqué.

  Les honoraires d'avocat, le recours à un huissier de justice, la nécessité de mandater un expert qui rendra un rapport... sont ainsi autant de frais nécessaires au procès.

  En principe, chaque partie supporte ses propres frais de justice : elle paye son avocat, les expertises qu'elle a demandées... Il est ensuite possible au « gagnant », en matière civile, d'obtenir le remboursement d'une partie de ces frais, nommés les dépens, par « le perdant ». Au-delà de ces dépens, le juge peut éventuellement condamner en équité ce « perdant » à indemniser son adversaire de tout ou partie des frais non inclus dans les dépens.

  Pour permettre l'accès à la justice aux plus démunis, il existe un mécanisme **d'aide juridictionnelle** : l'État prend en charge tout ou partie des frais annexes au procès, en fonction des ressources du demandeur. Cette aide est cependant souvent inférieure au coût réel de la procédure.

- La justice est **publique** : les audiences se tiennent en présence du public, qui peut venir librement y assister. Ce principe connaît cependant des exceptions : **le huis clos**. Ainsi, par exemple, devant une cour d'assises, le public n'est-il pas autorisé à entrer dans la salle lorsque « la publicité est dangereuse pour l'ordre ou les mœurs » ou lorsque, en cas de viol, tortures ou actes de barbarie accompagnés d'agressions sexuelles, la victime le demande (article 306, Code de procédure pénale). En matière civile (article 435, Code de procédure civile), le huis clos peut être justifié par la protection des parties : par exemple, pour protéger la vie privée des personnes, le divorce se règle en « audience de cabinet », dans le bureau du juge et hors la présence du public. Il peut aussi, toujours en matière civile, être justifié par la protection de l'ordre public.

Il faut noter que c'est le procès lui-même qui est public. L'enquête, toute la phase d'instruction préalable, est secrète.

- La justice est **collégiale** : cela signifie qu'un jugement doit être rendu collectivement par plusieurs juges, afin de réduire les risques de pression sur un juge unique. Leur nombre est souvent fixé à trois : deux risqueraient de ne pas dégager de majorité.

  Ce principe est de moins en moins respecté, essentiellement pour des raisons budgétaires : trois juges coûtent plus cher qu'un seul. On assiste ainsi à la multiplication de juridictions particulières qui se tiennent « à juge unique ». C'est le cas, par exemple, du juge d'instance.

2. Principes de compétence des juridictions

Le justiciable, s'il y a procès, n'est pas libre de choisir le tribunal et le juge qui va trancher son litige. Une juridiction s'imposera selon le lieu où l'on se trouve (compétence territoriale) et selon la nature du litige (compétence matérielle).

A. La compétence territoriale

En matière civile, le principe est posé par l'article 42 du code de procédure civile : le tribunal compétent est celui du **domicile du défendeur**, c'est-à-dire celui contre qui est dirigé le procès.

Il existe de nombreuses exceptions. Ainsi, en matière immobilière, le tribunal compétent est celui du lieu de l'immeuble. Autre exemple, devant le conseil des prud'hommes, donc pour un litige individuel en droit du travail, le tribunal compétent est celui du lieu d'exécution du travail ou a défaut celui du domicile du salarié. Peu importe alors que le salarié soit demandeur ou défendeur. En matière pénale, le tribunal compétent est celui du lieu où l'infraction a été commise. Pour la responsabilité civile délictuelle, c'est-à-dire l'indemnisation des victimes d'accidents, le tribunal compétent sera celui du lieu où s'est produit le dommage…

B. La compétence matérielle, ou d'attribution

Une fois que le lieu du tribunal compétent est désigné, il faut choisir parmi les nombreuses catégories de juridictions existantes. Un tribunal peut ainsi être compétent :

- En fonction du **montant du litige** : le tribunal d'instance s'occupera des litiges d'un montant inférieur à 10 000 €, le tribunal de grande instance jugera ceux d'un montant de 10 000 € ou plus. C'est ce que l'on appelle le **taux de ressort** ou **le taux de compétence**. Donc, lorsque le litige porte sur une matière générale, qui n'est pas spécifiquement attribuée à une juridiction, on utilise le taux de ressort pour déterminer si le juge compétent est celui d'instance ou celui de grande instance.
- En fonction de la **nature de l'affaire** : le conseil des prud'hommes est compétent pour les litiges individuels en droit du travail. Le tribunal de commerce traite les litiges entre commerçants et concernant les actes de commerce. Le tribunal de grande instance connaît toutes les actions en revendication immobilière, toutes les actions concernant la filiation, toutes les actions concernant les brevets d'invention... Dans ces cas, peu importe le montant du litige (inférieur à 10 000 € ou non), c'est uniquement la nature du litige qui déterminera la juridiction compétente.
- Enfin, en matière civile, lorsqu'un litige n'est attribué spécifiquement à aucun tribunal, soit en fonction de sa nature soit en fonction de son montant, il sera de la compétence du tribunal de grande instance qui est donc un **tribunal de droit commun**.

EXERCICES

Dans chacune des situations ci-après, indiquez comment se déterminera le lieu du tribunal compétent. Indiquez aussi si le choix du tribunal compétent se fera en fonction du montant du litige ou en fonction de la nature de l'affaire.

1. M. Doucet est salarié de la société World Cie. Le siège de la société est situé à Nanterre. Il travaille dans une succursale basée à Tarbes. Il est en conflit avec son employeur car il réclame un arriéré de paiement d'heures supplémentaires, pour un montant de 6 000 €, que son employeur estime ne pas lui devoir.

2. Le voisin de Mme Hamadi a fait des travaux sur sa maison. Une pelle mécanique qui creusait une tranchée a malencontreusement heurté et abîmé

un mur du garage de Mme Hamadi. Un maçon a proposé un devis de 8 000 € pour les réparations. Le voisin refuse de reconnaître sa responsabilité.

SOLUTIONS

1. Le principe permettant de déterminer la compétence territoriale est celui du domicile du défendeur. Dans cette affaire, le défendeur est la société World compagnie et son domicile est le lieu de son siège. M. Doucet devrait donc attaquer son employeur devant une juridiction de la région parisienne. Cependant, par exception, le droit du travail prévoit que le tribunal compétent est celui du lieu d'exécution du travail (la succursale de Tarbes). Peu importe alors que le salarié soit demandeur ou défendeur. Comme le salarié est le demandeur, il pourrait aussi assigner la World Cie devant le tribunal du lieu de conclusion du contrat de travail (inconnu ici) ou le tribunal du lieu du siège social, même si cela semble de peu d'intérêt pour lui (Nanterre).

Il faut ensuite choisir le tribunal compétent selon le montant et la nature de l'affaire. Dans ce cas, peu importe le montant en jeu dans le litige, car il existe une juridiction spécialisée dans les litiges individuels en droit du travail (voir fiche n° 14) : le conseil des prud'hommes.

M. Doucet pourra donc porter son litige devant le conseil des prud'hommes de Tarbes.

2. Le litige porte sur un problème d'indemnisation suite à un accident (un fait juridique). Le principe selon lequel le tribunal compétent est celui du domicile du défendeur ou du lieu du dommage s'applique ici. Compte tenu de l'affaire, ce sera aussi celui du domicile du demandeur : ils sont voisins.

Il n'existe pas de juridiction spécialisée pour connaître de cette matière. C'est donc le montant en jeu qui permettra de choisir entre le juge d'instance ou celui de grande instance. Les dégâts sont évalués à 8 000 € : le litige est de la compétence du tribunal d'instance du domicile du voisin car la somme est inférieure à 10 000 €.

Fiche 11
Modes alternatifs de règlement des conflits

- **Objectif :** Savoir qu'il existe d'autres solutions que le recours aux tribunaux pour régler des litiges
- **Prérequis :** Fiche 10
- **Mots-clefs :** Arbitrage ; conciliation ; médiation ; jugement d'exequatur ; clause compromissoire

1. L'arbitrage

Il s'agit d'une véritable justice privée, puisque les parties en conflit demandent à un tiers, personne privée choisie librement, de trancher leur conflit. Cette procédure est rendue possible par les articles 2059 à 2061 du Code civil.

A. Recours à l'arbitrage

Il y a des cas où le recours à l'arbitrage est interdit. Il sera alors nécessaire de recourir au service public de la justice : actions relatives au divorce, actions concernant l'état et la capacité des personnes (état-civil…), actions concernant une collectivité publique ou un établissement public, sauf si un décret l'autorise expressément pour un établissement public particulier. En outre, il est impossible de recourir à l'arbitrage dès que la matière concernée est de la compétence exclusive d'une juridiction spécifique. Ainsi, l'arbitrage est impossible en matière de brevets (compétence exclusive du tribunal de grande instance), de procédure collective (faillite, compétence exclusive du tribunal de commerce), ou d'infractions pénales.

Cette liste est complétée par un cas général d'interdiction : le recours à l'arbitrage est impossible pour toute matière intéressant l'ordre public, ce qui permet aux juridictions étatiques d'en contrôler le domaine et l'extension.

Il reste, malgré ces interdictions, un champ fort vaste pour l'arbitrage. Il est très utilisé, par exemple, pour trancher des litiges commerciaux ou en matière internationale. Dans le premier cas, il présente en effet l'avantage de la discrétion, parfois nécessaire dans la vie des entreprises, s'il s'agit par exemple d'un litige portant sur l'application de grilles tarifaires entre un industriel et une centrale d'achat de grande distribution. Dans le second cas, outre la discrétion, il présente l'avantage de pouvoir choisir le lieu où sera tranché le litige ainsi que le type de règle applicable, ce qui évite tout problème de conflit de lois dans l'espace, pourtant inhérent à ces litiges internationaux. Il a aussi l'avantage d'être souvent plus rapide que la justice étatique.

Les parties peuvent décider, en l'inscrivant dans le contrat qu'elles négocient, que tout litige lors de l'exécution de ce contrat sera tranché par un arbitre. Cette clause est appelée **clause compromissoire** et oblige à recourir à l'arbitre. (art. 1442 al. 2 code de procédure civile). Elle est en principe autorisée dans tout type de contrat (art. 2059 code civil) mais elle perd son efficacité lorsqu'elle est utilisée contre une partie qui n'a pas contractée dans le cadre de son activité professionnelle (art. 2061 code civil).

Il est aussi possible de décider a posteriori du recours à l'arbitre, une fois que le litige est né. C'est alors un contrat spécifique, appelé **compromis**, qui matérialise ce choix et en précise les modalités. À la différence de la clause compromissoire, il est ici possible de faire appel à l'arbitrage même si le contrat n'est pas conclu à raison d'une activité professionnelle. Seules les interdictions présentées en début de paragraphe s'appliquent : ordre public...

Qu'il s'agisse d'une clause compromissoire ou d'un compromis, le recours à l'arbitrage demande l'accord des deux parties en présence. Il ne peut pas être imposé par l'une.

B. Modalités de l'arbitrage

L'arbitre est une personne physique, librement choisie par les parties. Il tranche le litige selon les règles de droit choisies par les parties, ce qui est très utile dès que le conflit présente un caractère international, puisqu'il alors possible de choisir le pays dont le droit sera applicable. L'arbitre peut aussi, si les parties l'y autorisent, trancher le litige « **en équité** », c'est-à-dire sans appliquer de règle de droit mais selon ce que sa conscience lui dicte. On dit alors qu'il statue en « **aimable compositeur** ».

Une fois que la décision de l'arbitre est rendue, elle doit être exécutée par les parties. Elle ne dispose cependant pas du caractère obligatoire qui reste le monopole des décisions rendues par la justice étatique. Ainsi, l'exécution de la sentence arbitrale dépend de la bonne volonté des parties. La **procédure d'exequatur** permet cependant à une partie de demander au tribunal de grande instance, c'est-à-dire au juge étatique, de contrôler la décision de l'arbitre et de la rendre obligatoire en la revêtant de la formule exécutoire. Cela permettra ensuite de recourir aux procédures d'exécution forcée afin de contraindre l'autre partie à respecter la sentence arbitrale.

Il est possible de faire appel devant une cour d'appel d'une décision arbitrale, sauf si les parties ont expressément exclu cette possibilité dans la clause compromissoire ou le compromis, ou sauf si l'arbitre a été choisi comme aimable compositeur et a tranché le litige en équité.

2. Conciliation et médiation

Le **conciliateur est une personne physique** à laquelle s'adressent les parties pour essayer de régler à l'amiable un conflit. À la différence de l'arbitre, le conciliateur ne tranche pas le litige, c'est-à-dire qu'il ne donne pas une solution qui s'impose aux parties. Son but est souvent d'amener les personnes en conflit à s'entendre afin d'éviter d'avoir à porter le litige devant une juridiction officielle. Il propose des solutions mais ne les impose pas. Il existe un statut de conciliateur de justice. Ce sont des personnes bénévoles. La conciliation est prévue par les articles L 127 à L 131 du code de procédure civile.

La **conciliation peut être conventionnelle**, c'est-à-dire que les parties conviennent, par un contrat, de recourir au conciliateur. Dans ce cas, tant que la conciliation n'est pas intervenue, une partie ne peut pas introduire une action devant une juridiction étatique. Ce ne sera possible qu'en cas d'échec de la conciliation.

La tentative de conciliation est obligatoire avant toute saisine du tribunal d'instance (art. 4 loi du 18 novembre 2016). Elle est aussi obligatoire pour les litiges individuels en droit du travail portés devant le conseil des prud'hommes (art. L 1411-1 code du travail). De façon plus générale, le code de procédure civile indique que sauf motif légitime (urgence ou matière incompatible avec la conciliation, tel que l'ordre public) une action en justice doit préciser « les diligences entreprises en vue de parvenir à une résolution amiable du litige » (art. 56 et 58).

La **médiation** est fort proche de la conciliation. Elle est prévue par les articles L 131-1 à L 131-15 du code de procédure civile. Le juge saisi peut, avec l'accord des parties, désigner un médiateur « afin d'entendre les parties et de confronter leurs points de vue pour leur permettre de trouver une solution au conflit qui les oppose ». À la différence du médiateur, qui propose une solution, le médiateur amène les parties à trouver elles-mêmes une solution. Il est là pour tenter de rétablir un dialogue alors que toute communication était devenue impossible entre les parties. Si la médiation échoue, le procès se poursuit devant le juge étatique.

Il existe aussi des **médiateurs institutionnels**, qui peuvent intervenir en dehors de tout cadre judiciaire ou bien en amont d'un procès. Ainsi, le médiateur de la République peut aider à régler des litiges entre les usagers et l'administration, préalablement à une action contentieuse devant les juridictions administratives. Autre exemple : la loi du 12 décembre 2001 a généralisé la fonction de médiateur bancaire afin d'essayer de limiter les procédures contentieuses dans les relations entre les banques et leurs clients.

QUESTION DE COURS

Peut-on interdire à la partie adverse de recourir au service public de la justice assuré par l'État ?

SOLUTION

Pour éviter de faire trancher un litige par la justice étatique, il est toujours possible de recourir à une transaction. C'est un contrat qui règle le litige à l'amiable (voir fiche n° 10). Dans ce cas, le litige n'existe pas, les parties s'entendant pour trouver une solution.

Par contre, si elles n'arrivent pas à se mettre d'accord, le seul moyen de ne pas recourir au service public de la justice est d'utiliser un moyen alternatif de règlement des conflits : arbitrage, médiation ou conciliation. Il s'agit de faire résoudre le conflit par un tiers.

Il est des matières où une partie ne pourra pas imposer ce recours à un mode alternatif de règlement des conflits. Ainsi, il est expressément interdit d'utiliser l'arbitrage en droit pénal, pour un divorce, pour une action concernant l'état et la capacité des personnes (filiation, nom, ou domicile par exemple). Dans ces domaines, strictement réservés à la justice étatique, même l'accord des deux parties ne permet pas de recourir à l'arbitrage.

Dans d'autres branches du droit, il sera par contre possible d'utiliser l'arbitrage, mais avec l'accord des deux parties, sans qu'il ne soit possible à une de l'imposer à l'autre. C'est le cas, par exemple, en matière commerciale ou fiscale. Dans ce cas, deux possibilités s'offrent aux personnes en conflit. Soit elles utilisent une clause compromissoire, c'est-à-dire qu'elles prévoient à l'avance, dans le contrat initial, que tout litige né de ce contrat sera résolu par l'arbitrage. Soit elles décident a posteriori, dans un contrat nommé compromis, d'éviter le recours à la justice de l'État et de soumettre leur différend à un arbitre.

Toutes ces procédures concernent l'arbitrage, qui présente la caractéristique de donner une solution au conflit. L'arbitre tranche le litige et sa décision s'impose aux parties. Ce qui explique l'impossibilité pour l'une d'elles d'imposer ce mode à l'autre.

Dans la conciliation, au contraire, il existe des cas où le recours au conciliateur est imposé par la loi avant le recours au juge. C'est le cas en matière de divorce (audience de conciliation devant le juge aux affaires familiales en tout début de procédure) ou dans les conflits nés du contrat de travail (tentative de conciliation devant le bureau de conciliation, puis en cas d'échec, passage devant la formation de jugement formée de quatre conseillers).

Fiche 12
Principes de procédure et déroulement d'un procès

- **Objectif :** Connaître les principes généraux de procédure (déroulement d'une action en justice)
- **Prérequis :** Fiches 3 et 10
- **Mots-clefs :** Action en justice; principe du contradictoire; procédure inquisitoire et accusatoire; procédure pénale et civile; infraction; plainte; partie civile; assignation; requête

L'article 6-1 de la convention européenne des droits de l'homme énonce ce que doivent être les principes d'un procès équitable: « toute personne à droit à ce que sa cause soit entendue équitablement, publiquement et dans un délai raisonnable, par un tribunal indépendant et impartial établi par la loi (...) ».

1. L'action en justice

A. Notion

L'**action en justice** est définie à l'article 30 du code de procédure civile: « l'action est le droit, pour l'auteur d'une prétention, d'être entendu sur le fond de celle-ci afin que le juge la dise bien ou mal fondée. Pour l'adversaire, l'action est le droit de discuter le bien-fondé de cette prétention. ». C'est donc le mécanisme qui permet d'attaquer autrui en justice pour défendre un droit subjectif.

On appelle **instance** la matérialisation d'une action en justice, c'est-à-dire le déroulement de la procédure qui découle de l'action en justice. Le **procès**, ou l'instance, est alors la suite d'actes de procédures qui commence par l'action en justice et qui se terminera par la décision du juge.

L'action en justice est régie par certains grands principes :

- **Principe contradictoire** : chaque partie amène ses arguments et doit les exposer de façon à ce que l'autre partie puisse y répondre. Cette discussion devant le juge des éléments avancés par l'adversaire est un des piliers du procès et garantit le respect des droits de la défense. Une partie ne peut donc pas être jugée sans avoir été « entendue ou appelée », ce qui signifie que nul ne peut être jugé sans connaître les prétentions de son adversaire. Les parties doivent s'échanger tous les arguments qu'elles avancent devant le juge et ne peuvent pas les cacher à l'adversaire. Le juge est le garant du respect de ce contradictoire.
- **Principe dispositif** : le déroulement de l'instance est, en principe, organisé par la volonté des parties. L'instance est décidée par les seules parties, sauf exception : le juge ne peut pas se saisir spontanément d'une affaire et il faut qu'une personne soit demandeuse au procès. De même, c'est aux parties de faire tous les actes de procédure nécessaires au déroulement de l'instance. Le juge a un rôle passif et n'a à examiner que les arguments et éléments de fait amenés par les parties. On parle de **procédure accusatoire**.

Une importante exception à ce mécanisme existe en matière pénale, où la **procédure est inquisitoire**. Le juge peut ordonner des éléments d'enquête, diligenter tous les actes qu'il estime nécessaire à la manifestation de la vérité et rechercher lui-même les éléments de preuve.

- **Rôle du juge** : que la procédure soit accusatoire ou inquisitoire, le juge a un rôle important. Il est, tout d'abord, garant du respect du contradictoire, donc des droits de la défense. Ensuite, il a pour mission de qualifier les faits et arguments qui lui sont présentés par les parties : il dit le droit. C'est lui qui décide quelles sont les règles de droit objectif à appliquer au litige, qui décide à quelle notion juridique fait référence tel élément de fait… même si les parties proposent telle ou telle qualification. Dans un accident causé par une personne, le juge est ainsi libre de qualifier ou non de faute le comportement de cette personne, c'est-à-dire de la rendre responsable ou non par application de l'article 1240 du Code civil sur la responsabilité pour faute. Les parties amènent les preuves et arguments qu'elles souhaitent : la victime essaie de convaincre le juge du caractère fautif du comportement de l'auteur du dommage, ce dernier essaie au contraire de démontrer que son comportement est normal. Le juge est seul à trancher sur cette qualification de faute, donc à appliquer le droit.

L'intervention du juge dans l'action en justice est cependant limitée par certains principes : il ne peut se prononcer que sur ce qui lui a été demandé. Le contenu de l'action en justice, défini par les prétentions des parties, délimite strictement son rôle. Il a par contre l'obligation de répondre aux prétentions des parties, le refus de trancher le litige, que l'on appelle le « déni de justice » étant prohibé.

B. Conditions à l'action en justice

Il n'est pas possible d'intenter une action en justice selon la bonne ou mauvaise humeur du justiciable. Pour que le recours à la justice publique soit possible, il faut que certaines conditions soient remplies :

- La personne qui intente l'action en justice doit avoir un **intérêt à agir**, c'est-à-dire que l'action en justice doit être justifiée par une bonne raison et pas uniquement par l'esprit chicanier du plaideur.

  Quand l'action en justice est justifiée par la **défense d'un droit subjectif**, cette condition est remplie systématiquement pour le titulaire du droit à défendre : celui qui attaque son voisin pour la défense de son droit de propriété lorsqu'une construction empiète sur son terrain aura un intérêt à agir. Il défend un droit subjectif : son droit de propriété.

  D'autres actions en justice ne visent pas à défendre un droit subjectif. On parle alors de **contentieux objectif**. C'est le cas du recours pour excès de pouvoir, qui vise à contester un règlement que l'on estime illégal. C'est aussi le cas de l'action publique, exercée par le ministère public, qui vise à sanctionner les auteurs d'infractions pénales. Dans ces hypothèses, l'intérêt à agir est considéré plus largement.
- L'intérêt à agir doit présenter trois caractéristiques :
  - Il doit être **né et actuel**. On ne peut pas attaquer en justice préventivement. Si l'action vise à assurer le respect d'un droit subjectif, il faut alors que ce droit ait effectivement été bafoué au moment de l'action.
  - Il doit être **direct et personnel** : on applique le principe selon lequel « nul ne plaide par procureur », c'est-à-dire que celui qui intente l'action en justice est le titulaire du droit subjectif. Seul le propriétaire du terrain sur lequel empiète la construction contestée peut défendre son droit de propriété. Une association de consommateur ne peut, en principe, agir pour la défense d'un droit individuel d'un de ses membres pris isolément. Elle peut intervenir pour soutenir le consommateur, mais ce dernier est seul à initier et piloter l'action si elle concerne un contrat particulier dans un litige isolé entre lui et un professionnel. Par contre, l'association de consommateur peut agir directement pour demander le retrait d'une clause qu'elle estime abusive dans un contrat

de consommation. Dans ce cas, l'intérêt à agir est bien directement celui de l'association, qui représente collectivement les consommateurs. On peut noter l'existence de **l'action de groupe**, qui permet aux associations de consommateurs représentatives au niveau national d'obtenir réparation de préjudices individuels subis par un groupe de consommateurs étant dans une situation similaire. Tout comme il est possible à une association de consommateurs mandatée par au moins deux particuliers ayant subi des préjudices individuels d'un même professionnel d'agir en justice au nom de ces consommateurs.

  - Il doit être **légitime** : la demande exprimée par l'action en justice doit être conforme à l'ordre public et aux bonnes mœurs. Il sera ainsi impossible, pour un voleur qui s'enfuit après un braquage et qui est arrêté par la police alors qu'il est renversé par un automobiliste, d'attaquer l'auteur de l'accident pour se faire indemniser du dommage constitué par son arrestation.

- La personne qui intente l'action en justice doit avoir **qualité pour agir**. En principe, a qualité pour agir celui qui a un intérêt à agir. Mais il existe quelques cas spécifiques ou la loi réserve expressément l'action en justice à certaines personnes, qui seules ont qualité pour agir, alors que d'autres pourraient aussi avoir intérêt à agir. C'est, par exemple, le cas de l'action en divorce qui est réservée aux seuls époux (ils sont seuls à avoir qualité à agir). L'amant ou la maîtresse, qui pourrait avoir un intérêt à agir, n'a pas qualité pour engager l'action en demande de divorce. À l'inverse, lorsque les parents intentent une action au nom de leur enfant mineur, ils ont qualité pour agir alors que c'est l'enfant qui a un intérêt à l'action.

2. Principes de procédure pénale

C'est une action publique, exercée par le ministère public, pour faire sanctionner l'auteur d'une infraction pénale.

A. Mise en œuvre de l'action

- L'action pénale peut être initiée par la constatation d'une infraction par une autorité ayant ce pouvoir. C'est le cas du policier ou du gendarme qui dresse un **procès verbal** à la vue d'une infraction routière ou qui arrête l'auteur d'une infraction à l'occasion d'un flagrant délit, c'est-à-dire au moment où l'infraction est en train d'être commise.

- Elle peut aussi être initiée par une victime de cette infraction, qui porte l'infraction à la connaissance des autorités par un **dépôt de plainte.** Ce dépôt de plainte est fait auprès des services de police ou de gendarmerie. L'infraction peut aussi être signalée directement au ministère public.

B. Opportunité des poursuites

Une fois que l'infraction est constatée ou que la plainte a été enregistrée, le dossier est transmis à un magistrat particulier qui représente le **ministère public**, que l'on appelle aussi le **parquet**. Ce magistrat n'a pas pour fonction de juger, c'est-à-dire de décider de la culpabilité ou de l'innocence de la personne poursuivie et éventuellement de fixer la peine. Sa mission est, outre la garantie du respect des droits de la personne poursuivie, de décider du sort à donner au dossier. On parle ici du **principe d'opportunité des poursuites**:

- soit il décide qu'il n'y a pas d'éléments suffisants pour poursuivre. La plainte ou le procès verbal sera classé sans suite;
- soit il décide qu'il est nécessaire de compléter le dossier et une enquête ou une instruction sera menée afin d'approfondir la procédure.
- soit il décide qu'il y a suffisamment d'éléments pour penser que l'infraction est constituée. Dans ce cas, le dossier est transmis à une juridiction de jugement, composée d'autres magistrats, qui décidera de l'innocence ou de la culpabilité et qui fixera, dans la dernière hypothèse, la peine.

Les magistrats qui constituent le parquet sont hiérarchisés: par exemple, le procureur général, qui siège près de la cour d'appel, est le supérieur hiérarchique du procureur de la République, qui siège près du tribunal de grande instance. Le procureur général peut ordonner à un procureur de donner telle ou telle suite à un procès verbal ou à une plainte. De même, les magistrats du parquet sont soumis à l'autorité hiérarchique du ministre de la justice, garde des Sceaux, qui est une autorité politique.

Par contre, en application du principe selon lequel « la plume est serve, la parole est libre », un magistrat du parquet qui sera tenu de suivre d'éventuelles instructions de sa hiérarchie dans ses réquisitions écrites, sera libre de ce qu'il dit lorsqu'il prend la parole devant une juridiction de jugement.

Le statut des magistrats du parquet fait débat: leur soumission au pouvoir hiérarchique implique qu'ils reçoivent des instructions, qui pourraient être écrites mais qui sont pour la plupart orales et informelles. Ces instructions peuvent venir, dans les affaires les plus sensibles, du ministère de la justice, qui est une autorité politique. Leur indépendance, qui est inhérente au statut de magistrat, n'est alors pas garantie. C'est ce qu'indique la Cour européenne des droits de l'homme (23 novembre 2010, Moulin c/France): « du fait de leur statut, [...] les membres du ministère public, en France, ne remplissent pas l'exigence d'indépendance à l'égard de l'exécutif [...] ».

C. Enquête/instruction

Il peut arriver que la complexité du dossier oblige à l'approfondir. Dans ce cas, soit le magistrat du parquet pilotera lui-même une **enquête préliminaire** qui sera confiée aux services de police ou de gendarmerie, soit dans certains cas très complexes, le dossier sera transmis à un nouveau magistrat, le **juge d'instruction**, qui conduira la phase d'instruction pendant laquelle il recherchera tous les éléments susceptibles d'amener la vérité. On dit qu'il instruit à charge et à décharge, c'est-à-dire qu'il recherche aussi bien les preuves de la culpabilité que celles de l'innocence, son objectif étant la manifestation de la vérité. Cette partie de la procédure est écrite : toutes les informations recueillies sont formalisées dans le dossier d'instruction. Elle est aussi secrète : son contenu n'est pas accessible au public.

À la fin de cette procédure d'instruction, le magistrat instructeur peut décider de prononcer une ordonnance de non-lieu : les éléments qu'il a trouvés amènent à conclure que l'infraction n'est pas constituée et qu'il n'y a pas lieu de transmettre le dossier à une juridiction de jugement. Il peut aussi prononcer une ordonnance de renvoi, c'est-à-dire qu'il renvoie le dossier devant une juridiction de jugement s'il estime qu'il y a suffisamment d'éléments pour ouvrir un procès contre un ou plusieurs prévenus.

D. Jugement

Ce sont de nouveaux magistrats qui composent la juridiction de jugement. Par opposition aux magistrats du parquet, qui se lèvent pour parler et que l'on appelle la **magistrature debout**, ceux qui composeront la juridiction de jugement sont les **magistrats du siège**, ou magistrature assise. Ils sont inamovibles, leur nomination et leur avancement sont décidés par un organisme spécifique prévu par la Constitution : le conseil supérieur de la magistrature. Ils ne sont pas soumis au pouvoir hiérarchique et sont indépendants du pouvoir politique.

C'est cette juridiction de jugement qui décide de l'innocence ou de la culpabilité de la personne poursuivie. C'est elle qui fixe, dans le cas de la culpabilité, la peine. Le ministère public prend des réquisitions (le **réquisitoire** du procureur) devant la juridiction de jugement pour donner son avis sur ce que devrait être, à son sens, la décision du juge. La défense (l'avocat) donne son opinion, probablement divergente. Le juge du siège tranche.

À la différence de la phase d'instruction, cette partie de la procédure est orale et publique.

E. Rôle des victimes : partie civile

Les victimes éventuelles de l'infraction pénale ne sont pas oubliées. Elles peuvent se porter **partie civile** au procès pénal, ce qui signifie qu'elles demandent à y participer et qu'elles réclament indemnisation en plus de la condamnation pénale. On voit bien la différence d'objectif entre l'action civile, qui cherche à indemniser une victime, et l'action pénale, qui cherche à sanctionner un comportement. Ainsi, l'amende à laquelle peut être condamné l'auteur d'une infraction n'est pas versée aux victimes de cette infraction mais au Trésor public. Les victimes doivent, en même temps, se porter partie civile devant le juge pénal et réclamer des dommages et intérêts.

Une autre possibilité pour les victimes éventuelles de l'infraction est de ne pas se porter partie civile devant la juridiction pénale mais d'intenter, en parallèle, une action purement civile afin de réclamer des dommages et intérêts devant un tribunal civil.

3. Principes de procédure civile

Il ne s'agit plus d'une action pénale destinée à sanctionner mais d'une action civile destinée à trancher un litige d'ordre privé.

A. Démarrage de la procédure et mise en état

L'action civile peut démarrer de plusieurs façons :

- Par une **assignation** : c'est l'acte juridique par lequel une partie indique à son adversaire qu'elle intente une action en justice. L'assignation indique le contenu de la demande (les **prétentions du demandeur**) et indique devant quel tribunal est portée l'action en justice. L'assignation est délivrée par un huissier de justice. Le tribunal saisi reçoit une copie de l'assignation. Il inscrit alors l'affaire au **rôle** : il en prend note et fixe une date pour commencer son traitement.
- Par une **requête** : le demandeur s'adresse directement au juge pour lui faire part de sa demande. Cette procédure est possible, par exemple, devant le tribunal administratif. Une variante est la **requête conjointe** : demandeur et défendeur saisissent ensemble directement le juge. Cette procédure est utilisée, par exemple, en matière de divorce.

Ensuite, les parties échangent leurs arguments devant le juge, ainsi qu'il a été dit ci-dessus dans la présentation du principe dispositif. Au tribunal de grande instance, il existe un « juge de la mise en état » dont le rôle est de veiller à ce que cet échange d'arguments se déroule correctement. Conformément au mécanisme de la procédure accusatoire, il a un rôle passif, s'assurant que le principe du contradictoire ainsi que les formalités de procédure sont respectées. Quand il estime que le dossier est prêt à être jugé, il renvoie le dossier devant une juridiction de jugement.

B. Jugement

L'affaire est alors inscrite en audience devant une juridiction de jugement. Devant certains tribunaux, comme le tribunal de grande instance, la représentation par un avocat est obligatoire. Devant d'autres, comme le conseil des prud'hommes, les parties peuvent défendre leurs arguments directement sans l'assistance d'un avocat. Lors de l'audience, le juge prend connaissance du dossier et écoute les arguments de chaque partie. Si l'affaire, suffisamment simple, le permet il peut rendre sa décision directement : elle est rendue « sur le siège ». Sinon, dans le cas d'affaire complexe demandant une étude longue, il met l'affaire « en délibéré ». Il fixe alors une date indiquant aux parties quand il rendra sa décision.

Que ce soit immédiatement ou après un délibéré, lorsque le jugement est rendu, il peut, en principe, faire l'objet de voies de recours (fiche n° 15).

QUESTION DE COURS

Expliquez quelles sont les différences entre la procédure civile et la procédure pénale.

SOLUTION

Les objectifs de l'action pénale et de l'action civile sont bien différents. La première vise à sanctionner l'auteur d'une infraction alors que la seconde cherche à trancher un litige entre personnes privées (indemniser un dommage, faire reconnaître sa filiation, obtenir la livraison d'un bien commandé…)

Dans l'action pénale, c'est l'État qui poursuit l'auteur de l'infraction et demande sa condamnation. Une éventuelle victime de l'infraction peut cependant porter plainte et se constituer partie civile afin de contraindre le parquet à engager l'action pénale. Dans l'action civile, au contraire, c'est le demandeur qui initie le procès en intentant l'action en justice, ce qui se fait par une assignation ou par une requête.

Ensuite, l'échange des arguments se fait selon une procédure dite inquisitoire dans une action pénale. Cela signifie que c'est le magistrat instructeur qui dirige l'enquête et qui en ordonne les événements. Au contraire, dans une action civile, la procédure est de type accusatoire : ce sont les parties qui échangent leurs arguments, le magistrat ayant un rôle passif.

Lors du jugement pénal, c'est le ministère public qui va requérir le prononcé de la culpabilité et une peine, ou au contraire la relaxe. On retrouve l'idée selon laquelle c'est l'État qui poursuit le prévenu. Au contraire, dans la procédure civile, c'est le demandeur qui va fixer l'étendue du litige en énonçant ses prétentions. Par contre, c'est toujours le juge du siège qui tranchera.

Enfin, que la procédure soit civile ou pénale, le principe du contradictoire doit être respecté. Cela garantit le respect des droits de la défense. Chaque argument d'une partie doit ainsi être communiqué à l'adversaire, qui doit avoir la possibilité d'y répondre.

Fiche 13
Les juridictions administratives

- **Objectif :** Connaître les principes généraux de la justice administrative
- **Prérequis :** Fiches 3 et 12
- **Mots-clefs :** Tribunal administratif; cour administrative d'appel; Conseil d'État; Tribunal des conflits

1. Les tribunaux administratifs

A. Composition et fonctionnement

Il existe 42 tribunaux administratifs en France métropolitaine et d'outre-mer. Les magistrats qui y exercent s'appellent des présidents de chambre et des conseillers. Ils ont un statut distinct de celui des magistrats de l'ordre judiciaire : ils sont, en principe, recrutés parmi les fonctionnaires ayant suivi l'école nationale d'administration (ENA) et leur gestion ne relève pas du conseil supérieur de la magistrature.

B. Compétence

- **Compétence matérielle** : le tribunal administratif est le juge de droit commun en matière administrative. Cela signifie qu'il connaît tous les litiges qui ne sont pas spécialement affectés à une autre juridiction administrative.

Il est donc compétent, par exemple, pour le contentieux de la relation de travail entre les fonctionnaires et leur administration, pour le contentieux généré par l'exécution des contrats administratifs, pour le contentieux de la responsabilité de l'administration, pour le contentieux des élections municipales et départementales... Il s'agit, dans ces cas-là, d'un **contentieux de pleine juridiction**: il apprécie aussi bien les faits qui lui sont soumis que le droit qui doit être appliqué.

C'est lui, aussi, qui est compétent pour les **recours en excès de pouvoir** contre les arrêtés municipaux et préfectoraux dont il **contrôle la légalité**. Le recours pour excès de pouvoir contre les actes administratifs les plus importants (décrets et arrêtés ministériels) est cependant réservé au conseil d'État.

- **Compétence territoriale**: en principe, le tribunal compétent est celui ou est situé le siège de l'autorité qui a pris la décision attaquée ou a signé le contrat administratif. Par exception, ce peut être le tribunal du lieu d'exécution du contrat dans le cas d'un contrat administratif, de la survenance du dommage dans le cas de la responsabilité de la puissance publique, du lieu d'affectation pour les litiges entre le fonctionnaire et son employeur...

2. Les cours administratives d'appel

Les décisions des tribunaux administratifs sont susceptibles d'appel. Le **juge d'appel de droit commun est alors la cour administrative d'appel**. Par contre, certains appels restent réservés au conseil d'État: recours en excès de pouvoir contre les actes réglementaires et contrôle de légalité de ces actes, contestation des élections municipales et départementales.

Il existe huit cours administratives d'appel en France, toutes situées en métropole. Elles sont présidées par un conseiller d'État. Elles sont composées de magistrats appartenant au même corps que les conseillers de tribunaux administratifs.

3. Le Conseil d'État

A. Composition

Le Conseil d'État est une juridiction dont la direction effective est assurée par son vice-président, nommé par le président de la République. Il est composé de fonctionnaires ayant un statut particulier. Ce sont des auditeurs, des maîtres des requêtes et des conseillers d'État, selon une hiérarchie croissante. Les auditeurs sont recrutés parmi les élèves de l'école nationale d'administration. Les maîtres des requêtes et conseillers d'État sont recrutés soit par avancement depuis le grade inférieur, soit choisis selon une procédure spécifique parmi d'autres fonctionnaires, dont les magistrats des tribunaux administratifs et des cours administratives d'appel.

Le conseil d'État est organisé en sept sections : cinq qui ont un rôle consultatif, une qui a un rôle juridictionnel, une qui est en charge du rapport et des études.

B. Compétence contentieuse

Le Conseil d'État est la plus haute juridiction administrative. C'est la section du contentieux qui assure ce rôle juridictionnel. Son rôle contentieux est triple :

- **Juge de cassation** : il examine les décisions des cours administratives d'appel et vérifie si elles ont correctement appliquées les règles de droit. Les spécificités de la cassation seront présentées plus en détail dans la fiche n° 15 : les voies de recours.
- **Juge d'appel** : il examine les décisions des tribunaux administratifs pour lesquelles la loi empêche de faire appel devant les cours administratives d'appel. Ce sont les recours en excès de pouvoir contre les actes réglementaires et le contentieux des élections municipales et départementales.
- **Juge en premier et dernier ressort** : certains contentieux échappent totalement à la compétence de droit commun des tribunaux administratifs et sont exclusivement confiés au Conseil d'État. Il s'agit, par exemple, des recours en excès de pouvoir contre les décrets et contre les arrêtés ministériels, ou du contentieux des élections régionales et européennes. De même, le contentieux des élections présidentielles, législatives et sénatoriales est réservé au Conseil constitutionnel.

C. Rôle consultatif

Les juridictions administratives, outre leurs fonctions juridictionnelles, ont aussi une compétence consultative. Les tribunaux administratifs conseillent ainsi l'administration au niveau local et le Conseil d'État conseille le gouvernement.

Cette consultation du Conseil d'État par le gouvernement est obligatoire pour un projet de loi, d'ordonnance ou de décret (article 38 et 39 de la Constitution). L'avis donné par le Conseil d'État n'est que consultatif : le gouvernement n'est pas tenu de le suivre et il peut continuer la procédure même en cas d'avis négatif.

Cette consultation est facultative dans d'autres cas. Ainsi, par exemple, le président de l'Assemblée Nationale ou de Sénat peuvent demander l'avis du Conseil d'État pour les propositions de loi déposées non pas par le gouvernement (avis obligatoire) mais par les parlementaires.

Pour assurer ce rôle consultatif, le Conseil d'État comporte cinq sections spécialisées (intérieur, finance, travaux public, sociale, administration).

4. Spécificités de la procédure devant les juridictions administratives

Une action en justice ne peut être exercée contre l'administration que si un **recours gracieux** a été préalablement exercé contre l'administration. Cela signifie que la personne qui reproche quelque chose à l'administration doit d'abord demander à celle-ci de bien vouloir reconsidérer sa décision. Ce recours gracieux peut se faire devant l'autorité qui a pris la décision contestée ou devant une autorité supérieure (recours hiérarchique).

Ce n'est qu'en cas de réponse négative de l'administration (rare) ou en cas d'absence de réponse et dans un délai de deux mois après le recours gracieux (cas le plus fréquent), qu'une action en justice peut alors être intentée. Cette action en justice sera un **recours contentieux**.

La procédure administrative est inquisitoire : c'est le magistrat qui dirige les débats et qui a un rôle actif dans la recherche des preuves. Elle est écrite : les arguments des parties sont développés dans des mémoires écrits et ne sont pas développés oralement devant les magistrats. Les audiences sont publiques et les parties peuvent s'y exprimer oralement mais c'est l'écrit qui est prépondérant.

5. Le Tribunal des conflits

Il existe enfin une juridiction spécifique qui fait le lien entre le monde administratif et le monde judiciaire : le Tribunal des conflits. Il est composé de magistrats des deux ordres et est présidé par un de ses membres élu par ses pairs. Son rôle est de résoudre les conflits de compétence qui pourraient survenir entre les juridictions judiciaires et les juridictions administratives, quand il est délicat de savoir laquelle est compétente pour une affaire.

QUESTION DE COURS

Résumez dans un schéma la compétence des juridictions administratives ainsi que les voies de recours devant leurs décisions.

SOLUTION

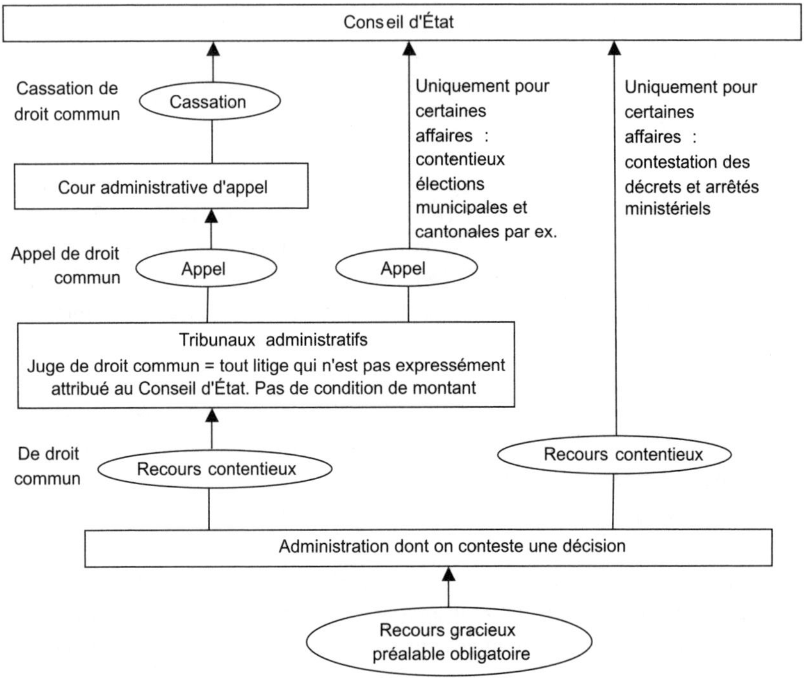

Fiche 14
Les juridictions judiciaires du premier degré

1. Les juridictions civiles
2. Les juridictions pénales (ou répressives)

- **Objectif :** Connaître les principales juridictions judiciaires
- **Prérequis :** Fiches 3, 10 et 12
- **Mots-clefs :** Juridiction civile; juridiction pénale; juge de proximité; tribunal d'instance; tribunal de grande instance; tribunal de commerce; conseil des prud'hommes; tribunal de police; tribunal correctionnel; cour d'assises

1. Les juridictions civiles

A. Juge de proximité

C'était une juridiction composée de juges qui n'étaient pas des fonctionnaires formés à l'école nationale de la magistrature mais qui étaient des avocats, des huissiers, des notaires, d'anciens magistrats, d'anciens fonctionnaires ayant eu une activité judiciaire, ou toute personne ayant eu une activité juridique importante. Ils étaient nommés pour 7 ans.

La loi du 13 décembre 2011 a supprimé la juridiction de proximité, les juges de proximité étant rattachés au tribunal de grande instance. Depuis le 1er juillet 2017, les litiges en cours devant les juridictions de proximité sont transférés aux tribunaux d'instance ou de police.

B. Tribunal d'instance

C'est une juridiction composée de magistrats professionnels, formés à l'école nationale de la magistrature. Elle siège, en principe, à juge unique. L'assistance d'un avocat n'est pas obligatoire.

Il a une compétence générale pour tous les litiges dont l'enjeu ne dépasse pas 10 000 €, à moins que le type d'affaire concerné ne soit attribué systématiquement au tribunal de grande instance. Ainsi l'action en divorce est toujours de la compétence du tribunal de grande instance, sans qu'une notion de montant ne soit à prendre en compte.

Il a aussi une compétence exclusive, c'est-à-dire prévue par un texte spécifique, pour certains types d'actions : il est toujours compétent, quel que soit le montant de la demande, pour les actions concernant les baux à usage d'habitation ou encore les actions concernant les crédits à la consommation d'un montant inférieur à 75 000 €. Il est aussi le juge des tutelles.

Ses décisions peuvent faire l'objet d'un appel dès que l'enjeu du litige dépasse 4 000 €. Lorsque l'enjeu du litige est inférieur ou égal à 4 000 €, l'appel est impossible (il juge en premier et dernier ressort) mais le pourvoi en cassation est possible.

C. Tribunal de grande instance

C'est une juridiction composée de magistrats professionnels, formés à l'école nationale de la magistrature. En principe, il siège en formation collégiale (un président et deux assesseurs). Pour les matières autres que celles concernant l'état des personnes, il a la possibilité de siéger à juge unique sauf si une partie s'y oppose. En outre, certains juges du tribunal de grande instance sont spécialisés et peuvent connaître seul un dossier : juge aux affaires familiales (divorce ou autorité parentale par exemple), juge des enfants... L'assistance d'un avocat est obligatoire.

Il est le juge de droit commun de première instance en matière civile : il connaît de toutes les affaires qui ne sont pas spécifiquement du ressort d'une autre juridiction (art. R311-1 code de l'organisation judiciaire).

Il a aussi une compétence exclusive pour certains types d'affaire, quel que soit le montant de la demande. C'est le cas, par exemple, pour les actions en divorce, pour les actions concernant la nationalité, pour les actions en revendication immobilière (faire reconnaître sa propriété sur un bien)...

Il juge à charge d'appel lorsque l'enjeu de l'action dépasse 4 000 € ou bien lorsque l'enjeu de l'action est indéterminé (action concernant la nationalité par exemple). Il juge en premier et dernier ressort, mais avec la possibilité de former un pourvoi en cassation, pour les actions dont l'enjeu va jusqu'à 4 000 €.

Son président a un rôle spécifique : il est **le juge des référés.** Il est alors saisi dans tous les cas où le demandeur justifie d'une urgence particulière, ou bien dans certains cas spécifiques (désignation d'un administrateur judiciaire de copropriété par exemple). Il rend alors sa décision seul par voie d'ordonnance.

D. Conseil de prud'hommes

Il s'agit d'une juridiction spécialisée composée de magistrats non professionnels. Les conseillers prud'homaux sont en effet élus tous les cinq ans, moitié par les employeurs et moitié par les salariés. Il s'agit donc d'une juridiction paritaire, ce qui a pour objectif d'assurer une justice proche des justiciables et surtout qui connaît les problèmes spécifiques du milieu dont elle traite les litiges. Cela est renforcé par le fait que les conseils des prud'hommes sont partagés en cinq sections spécialisées : cadres, industrie, commerce, agricultures, autres activités.

Chaque formation de jugement est composée de quatre juges : deux issus du collège employeur et deux issus du collège salariés. La répartition paritaire des juges pourrait laisser penser qu'au moment de la décision chaque juge penche pour la partie issue du collège électoral qu'il représente. Fort heureusement, cela reste rare. Néanmoins, en cas de blocage, un magistrat professionnel, juge au tribunal d'instance, assure le partage des voix. On qualifie alors ce système d'échevinage : il mixe des juges élus par leurs pairs et des juges professionnels.

La représentation par un avocat n'est pas obligatoire. La procédure prud'homale impose le passage devant un bureau de conciliation, composé d'un seul juge, qui essaiera d'amener les parties à résoudre le litige. Ce n'est qu'en cas d'échec que le dossier arrivera devant la formation de jugement.

Le conseil des prud'hommes est compétent pour juger les litiges individuels en droit du travail, c'est-à-dire les litiges entre un employeur et un salarié concernant l'application d'un contrat de travail. Il n'est donc pas compétent pour l'ensemble des litiges relevant du droit social : les litiges collectifs peuvent être de la compétence du tribunal de grande instance, comme par exemple ceux concernant la licéité d'une grève ou la réalité d'un plan social en cas de licenciement économique.

Le conseil de prud'hommes juge en premier et dernier ressort les litiges dont l'enjeu est inférieur à 4 000 €. Il est possible de faire appel de ses décisions pour les litiges d'un enjeu supérieur à ce montant.

E. Tribunal de commerce

Dans cette autre juridiction spécialisée, les conseillers des tribunaux de commerce sont aussi des magistrats non professionnels. Ils sont élus par des commerçants parmi des commerçants. Ici aussi la notion de commerçant est spécifique au droit, et recouvre bien plus que le simple négoce puisqu'elle englobe l'industrie, certaines activités tertiaires ainsi que certaines sociétés qui sont désignées comme commerciales par la loi quelle que soit leur activité…

L'assistance d'un avocat n'est pas obligatoire.

Le tribunal de commerce est compétent pour juger les litiges opposant des commerçants entre eux, ceux concernant des actes de commerce, ceux opposant des sociétés commerciales entre elles, ceux concernant les procédures collectives (redressement et liquidation judiciaire, connues dans le langage courant sous le nom de faillite). Ils seront aussi compétents, depuis la loi du 18 novembre 2016 et entrant en vigueur au plus tard le 1er janvier 2022, pour les litiges dans lequel est impliqué un artisan.

Une difficulté se pose pour les litiges opposant un commerçant à un non-commerçant (**acte mixte**). Dans ce cas, si le demandeur est le non-commerçant, il peut choisir la juridiction devant laquelle il attaque le commerçant : soit le tribunal de commerce, soit un autre tribunal civil compétent selon la nature de l'affaire et son montant. À l'inverse, si le demandeur est le commerçant, il ne peut pas attaquer le non-commerçant devant le tribunal de commerce et il doit utiliser une autre juridiction.

Le tribunal de commerce juge en premier et dernier ressort les litiges dont l'enjeu est inférieur à 4000 €. Il est possible de faire appel de ses décisions pour les litiges d'un enjeu supérieur à ce montant.

F. Les autres juridictions spécialisées

Il existe d'autres juridictions spécialisées, intervenant dans des domaines très particuliers.

On peut citer le tribunal paritaire des baux ruraux, qui juge des litiges nés à l'occasion d'un bail rural, c'est-à-dire destiné à l'exploitation agricole d'une terre. Il s'agit d'une juridiction paritaire, présidée par un magistrat d'instance et composée de deux juges élus parmi les bailleurs et de deux juges élus parmi les preneurs.

On trouve aussi le tribunal des affaires de sécurité sociale, présidé par un magistrat du tribunal de grande instance et composé de juges élus parmi les employeurs et les salariés. Il juge les litiges en matière de sécurité sociale.

2. Les juridictions pénales (ou répressives)

La compétence matérielle des juridictions répressives dépend de la gravité de l'infraction commise. Elles sont classées en trois catégories, selon le maximum de la peine encourue :

- Les **contraventions**, qui ne sont punies que d'une amende dont le montant est inférieur à 3 750 €. Cette catégorie est elle-même subdivisée en cinq classes, selon le maximum de l'amende encourue.
- Les **délits**, qui sont punis d'une peine maximale d'emprisonnement de 10 ans au plus et/ou d'une amende supérieure à 3 750 € (art. 381 code procédure pénale).
- Les **crimes**, qui sont punis d'une peine d'au moins 10 ans de réclusion (on parle de réclusion pour qualifier la peine d'emprisonnement prononcée suite à un crime).

Cette classification est fondée sur la peine **maximale** encourue d'après le texte qui crée l'infraction. Elle est totalement indépendante de la peine réellement prononcée par la juridiction. Ainsi, le vol est un délit puni de 3 années d'emprisonnement de 45 000 € d'amende au maximum. Il est donc de la compétence du tribunal correctionnel. Mais il est possible à ce tribunal de ne condamner un voleur, dans une affaire donnée, qu'à une peine d'amende, sans emprisonnement.

A. Tribunal de police

Il est compétent pour juger les contraventions (art. 521 code de procédure pénale). Il est composé d'un magistrat du tribunal d'instance, siégeant à juge unique en matière répressive. L'appel de ses décisions n'est possible que dans certains cas (art. 546 du code de procédure pénale).

B. Tribunal correctionnel

Il est compétent pour juger les délits, et donc pour prononcer des peines d'emprisonnement de 10 ans au plus et/ou d'amende sans limitation de montant. Il s'agit, par exemple, du vol ou de l'escroquerie, des violences les plus graves, de l'homicide involontaire et de certaines infractions routières considérées comme les plus graves.

C'est une chambre du tribunal de grande instance spécialisée en matière répressive. Il juge en principe en formation collégiale (art. 398 code procédure pénale) mais peut aussi statuer à juge unique (art. 398-1 du code procédure pénale : délits routiers, délits relatifs au transport terrestre...). Il est, en principe, possible de faire appel de ses décisions.

C. Cour d'assises

C'est la juridiction qui juge des affaires les plus graves : les crimes, ceux qui sont punis d'une peine de réclusion, c'est-à-dire un emprisonnement maximal d'au moins 10 ans. Ce sont, par exemple, le meurtre, le viol, la contrefaçon de billets de banque...

Elle se démarque des juridictions répressives précédentes car elle n'est pas la transposition pénale d'une juridiction civile: elle n'est pas permanente et n'existe que le temps des sessions d'assises (en principe, une par trimestre dans chaque chef-lieu de département). Sa composition est aussi particulière: elle est composée de trois magistrats professionnels auquel s'adjoint un jury de 9 jurés citoyens tirés au sort à partir des listes électorales.

La décision d'une cour d'assises peut faire l'objet d'un appel devant une juridiction spéciale, la cour d'assises d'appel, composée de 3 magistrats professionnels et de 12 jurés citoyens.

CAS PRATIQUES

Dans chacune des situations suivantes, indiquez quelle juridiction est compétente. Vous n'avez pas à vous prononcer sur le fond de l'affaire.

1. M. Jackson achète une voiture d'occasion à un particulier, suite à une annonce passée dans un journal spécialisé. Le montant de la transaction est de 6 000 €. Au bout d'une semaine, M. Jackson souhaite faire annuler cette vente et récupérer son argent en restituant la voiture à son ancien propriétaire. Ce dernier refuse.

2. M. Jackson achète une voiture d'occasion à un garagiste, suite à une annonce passée dans un journal spécialisé. Le montant de la transaction est de 12 000 €. Ils ont convenu que la somme de 9 000 € est payée à la livraison, le solde étant réglable un mois plus tard. Au moment de régler les 3 000 € restants, M. Jackson refuse de payer cette dernière somme.

3. Mme Gonzales possède une belle collection de bouteilles de vin dans sa cave. Malheur! En rentrant de congés, elle découvre sa maison fracturée et sa cave pillée. Les voleurs sont arrêtés quelques jours plus tard. Mais les bouteilles ont été bues. Le montant du vol est de 15 000 €.

4. M. et Mme Pivert souhaitent mettre fin à plusieurs années de vie commune et décident de divorcer. Leur patrimoine commun est estimé à 9 000 €.

SOLUTIONS

1. M. Jackson est demandeur et le vendeur est défendeur. Le tribunal territorialement compétent est celui du domicile du défendeur, c'est-à-dire le vendeur. Il s'agit d'une affaire civile, donc il faut attaquer devant une

juridiction civile : aucune infraction n'a été commise. Aucune juridiction spécifique n'est concernée par ce type d'affaire. Les deux personnes ne sont pas commerçantes : pas de compétence du tribunal de commerce. C'est alors le montant du litige qui permet de choisir le tribunal matériellement compétent : le juge d'instance (inférieur à 10 000 €). L'avocat n'est pas obligatoire. Il sera possible d'interjeter appel de sa décision.

2. Le demandeur est le garagiste, qui est un commerçant. Le défendeur est M. Jackson, qui est un non-commerçant. Le tribunal territorialement compétent est celui du domicile du défendeur, c'est-à-dire celui du domicile de M. Jackson. Il s'agit toujours d'une affaire civile. La vente est un contrat mixte, entre un commerçant et un non-commerçant. Comme c'est le commerçant qui est demandeur (le garagiste attaque M. Jackson), il n'a pas le choix du tribunal et il ne peut pas porter le litige devant le tribunal de commerce. Il doit alors choisir une juridiction de droit commun en fonction du montant du litige. Même si la voiture coûte 12 000 €, le litige ne porte que sur 3 000 € (le solde à régler). C'est le juge d'instance qui est compétent. L'avocat n'est pas obligatoire. Il ne sera pas possible d'interjeter appel de la décision.

3. Cette situation mélange un aspect civil (le préjudice subit par Mme Pivert) et pénal (l'infraction constituée par le vol). Le tribunal territorialement compétent est celui de la commission de l'infraction, qui est aussi celui où le préjudice a eu lieu.

Une première possibilité est pour Mme Pivert de séparer les deux actions. Elle porte plainte pour le vol et laisse le ministère public poursuivre seul l'action pénale devant le tribunal correctionnel (le vol est un délit puni de trois ans d'emprisonnement au maximum). En parallèle, elle poursuit les voleurs devant un tribunal civil pour essayer d'obtenir une indemnisation. Cette juridiction civile est le tribunal de grande instance (valeur du litige supérieure à 10 000 €).

Une autre possibilité est pour elle de se constituer partie civile lors du procès pénal. C'est alors le tribunal correctionnel qui juge l'infraction pénale, puis se prononce sur l'aspect civil du litige.

4. Il s'agit d'un divorce, qui est une affaire civile. Peu importe le montant du patrimoine et l'enjeu du litige, c'est toujours le juge aux affaires familiales qui est compétent pour cette matière. C'est un juge unique du tribunal de grande instance.

Fiche 15
Les voies de recours

- **Objectif :** Connaître les mécanismes de recours contre une décision de justice
- **Prérequis :** Fiches 6 et 12 à 14
- **Mots-clefs :** Appel; cassation; effet suspensif; premier et dernier ressort; cour de cassation; cour d'appel

Les voies de recours offrent la possibilité au justiciable insatisfait d'une décision de justice de la contester devant une autre juridiction. C'est ce que l'on appelle le principe du **double degré de juridiction**. L'affaire est alors jugée à nouveau entièrement, tant en fait qu'en droit. Jugée **en fait**: le nouveau juge examine à nouveau tous les éléments factuels, tous les éléments de preuve, toute l'argumentation de chacune des parties. Jugée **en droit**: le nouveau juge examine si la règle de droit objectif a été correctement appliquée dans l'affaire: le premier juge a-t-il appliqué la bonne règle et a-t-il tiré les bonnes conséquences juridiques de cette application ?

Il s'agit d'offrir une protection contre l'erreur judiciaire et contre l'arbitraire: le principe du double degré de juridiction est en effet nécessaire au fonctionnement de tout système démocratique. Il n'est pourtant pas absolu: certaines affaires sont jugées en **premier et dernier ressort**, c'est-à-dire qu'il n'est pas possible de faire appel de la décision des premiers juges. Dans ce cas, il est néanmoins possible d'utiliser une voie de recours particulière, le pourvoi en cassation, qui a pour effet de juger à nouveau l'affaire, mais uniquement en droit.

1. L'appel

La conséquence de l'existence des voies de recours est que les juridictions sont hiérarchisées : le procès se débute devant les juridictions du **premier degré** (tribunal d'instance ou conseil des prud'hommes par exemple) qui rend une décision en **premier ressort**. Une partie insatisfaite de la décision de la juridiction du premier degré (généralement le perdant, mais ce peut aussi être celui qui a gagné une action en responsabilité et qui estime que les dommages et intérêts qui lui sont accordés sont insuffisants) va **interjeter appel** devant une juridiction d'appel. La décision de la juridiction de premier degré s'appelle, en général, un jugement alors que la décision de la juridiction du second degré s'appelle, en général, un arrêt.

L'appel est donc la procédure normale pour contester une décision. En matière civile, il doit être formé, en principe, dans un délai d'un mois après la signification du jugement. En matière pénale, ce délai est, en principe, de dix jours. En matière administrative, il est, en principe, de deux mois.

L'appel a normalement un **effet suspensif** en matière civile et pénale. Cela signifie que la décision de la juridiction du premier degré est neutralisée (on dit qu'il y a sursis à exécution) tant qu'elle n'est pas examinée par la juridiction d'appel, sauf si la juridiction d'appel ordonne son exécution provisoire. Le système est inversé en matière administrative : l'appel n'est pas suspensif devant les cours administratives d'appel, sauf si ces dernières ordonnent le sursis à exécution de la décision contestée, mais ce n'est pas systématique.

L'appel a aussi normalement un **effet dévolutif**. Cela signifie que la juridiction d'appel va connaître de l'intégralité de la procédure et va juger à nouveau entièrement l'affaire. Même si l'appel formulé par le plaignant ne conteste que certains points spécifiques de la décision de première instance, la juridiction d'appel pourra invalider et réexaminer toute cette décision. Les juridictions d'appel sont des **juges du fond**, comme les juridictions de première instance : elles jugent aussi bien **en fait** qu'en **droit**.

Les juridictions d'appel de droit commun sont les cours administratives d'appel en matière administrative et les cours d'appel pour les juridictions de l'ordre judiciaire. Les magistrats qui les composent sont appelés des conseillers. Il existe aussi des juridictions d'appel spécialisées : les appels des décisions de cour d'assises se font devant la cour d'assises d'appel, composée de quinze membres, trois magistrats professionnels et 12 jurés populaires. Les appels des décisions du juge d'instruction se font devant la chambre de l'instruction, qui est une chambre spécialisée de la cour d'appel.

Le principe du double degré de juridiction n'est pas absolu. Il a déjà été dit que certaines décisions prises par les juridictions du premier degré le sont en **premier**

et dernier ressort. C'est le cas des jugements du tribunal d'instance, du conseil des prud'hommes, du tribunal de commerce, du tribunal paritaire des baux ruraux ou du tribunal des affaires de sécurité sociale dès lors que l'enjeu du litige ne dépasse pas 4 000 € devant chacune de ces juridictions.

2. Le mécanisme particulier de la cassation

La cassation est l'aboutissement de la hiérarchisation des juridictions. Au-dessus des juridictions du premier degré et des juridictions d'appel, il existe une juridiction spécialisée dans le contrôle de l'application du droit et qui a la possibilité de casser les décisions inférieures qui appliquent et interprètent mal la règle de droit.

A. Rôle de la cassation

La cassation permet ainsi **d'unifier l'application du droit**, de donner la même interprétation à la règle en tout point du territoire national. Supposons qu'un véhicule en stationnement régulier soit incendié par des manifestants dans une rue et que le feu se propage au bâtiment situé à côté. Deux régimes juridiques sont potentiellement applicables pour savoir si le propriétaire du bâtiment incendié peut obtenir indemnisation de la part de l'assurance du véhicule. D'une part, la responsabilité civile du gardien de la chose, qui permet ici à l'assurance de s'exonérer de sa responsabilité en avançant le cas de force majeure (les manifestants). D'autre part, le régime spécifique des accidents de la circulation créé par la loi du 5 juillet 1985, qui interdit à l'assurance d'utiliser la force majeure comme moyen d'exonération. La solution à ce litige est donc complètement différente selon la règle de droit utilisée par les juridictions du fond. Si l'accident se produit dans une rue de Montpellier, la cour d'appel de Montpellier peut choisir d'appliquer le régime des accidents de la circulation et l'assureur doit indemniser. Si l'accident se produit dans une rue de Lille, la cour d'appel de Lille peut choisir d'appliquer le régime du gardien de la chose et l'assureur n'a pas à indemniser. Il est alors anormal que la règle de droit soit interprétée différemment selon que l'on est au bord de la Méditerranée ou de la Belgique, tant que l'on reste en France.

Il est alors possible de former un **pourvoi en cassation** devant les décisions des cours d'appel. La cour de cassation, qui siège à Paris, est unique. Elle unifie le droit en en donnant une interprétation unique qui s'impose à toutes les juridictions inférieures (en l'espèce, l'incendie sera considéré comme un accident de la circulation). Ce phénomène jurisprudentiel a déjà été évoqué comme une source informelle du droit (fiche 6).

Une autre fonction des juridictions de cassation est **de permettre un recours contre les décisions du premier degré qui sont prises en premier et dernier ressort**, c'est-à-dire non susceptibles d'appel. Le principe du double degré de juridiction est ainsi globalement respecté.

B. Spécificité de la cassation : juge du droit et non du fond

La cassation n'est pas un troisième degré de juridiction, ni une sorte de super-cour d'appel. En effet, il s'agit une voie de recours extraordinaire qui n'a pas pour objectif de juger à nouveau entièrement l'affaire comme le ferait une cour d'appel. La juridiction de cassation vérifie si la juridiction inférieure a correctement appliqué la règle de droit, c'est-à-dire qu'elle contrôle la décision de la juridiction inférieure et non pas la totalité de l'affaire. On dit que la cassation juge une affaire **en droit** et non pas au fond ou en fait. On oppose alors les **juges de cassation**, qui vérifient uniquement la conformité d'une décision à la règle de droit (pas d'effet dévolutif), et les **juges du fond** qui connaissent de l'intégralité de l'affaire, tant en droit qu'en fait (effet dévolutif).

Reprenons l'exemple précédent : l'incendie d'un véhicule. La cassation consiste à vérifier si la bonne règle de droit a été appliquée : l'article 1242 alinéa 1 du Code civil (responsabilité du gardien de la chose) ou la loi du 5 juillet 1985 (accident de la circulation). La cour de cassation ne vérifiera pas les circonstances factuelles de l'incendie : a-t-il été provoqué par des manifestants ? A-t-il été provoqué par une défaillance matérielle du véhicule ? Elle reprendra, en les considérant comme établies et sans qu'il soit possible de les contester devant elle, ces circonstances factuelles. Si la cour d'appel a admis que l'incendie est causé par des manifestants, cela est considéré comme vrai par la cour de cassation et elle refuse de le remettre en cause : elle n'est pas juge du fond. Par contre, on peut en contester la conséquence juridique (la qualification juridique) : ces circonstances sont-elles qualifiées d'accident de la circulation ou pas, ce qui change le régime juridique applicable ? Elle est juge du droit : la bonne règle est-elle appliquée par les juges du fond et est-elle correctement interprétée ?

On constate cependant une certaine évolution du rôle des juridictions de cassation, notamment sous l'influence de la Cour européenne des droits de l'homme. On parle alors de **contrôle de proportionnalité** exercé par la juridiction de cassation : elle ne se contente plus de vérifier que les juridictions inférieures ont bien appliqué la loi mais elle vérifie aussi que, dans l'affaire considérée, les principes fondamentaux, éventuellement non écrits dans la loi, ont été respectés. Ainsi, quand la Cour de cassation met en balance la liberté d'expression d'un journaliste et le droit à l'information du public d'un côté et le respect de la vie privée d'une personne de l'autre côté, elle exerce ce contrôle de proportionnalité, en allant au-delà du strict contrôle du respect de la loi et en touchant au fond de l'affaire.

On appelle **moyen de cassation** la critique qu'une partie fait à une décision d'une juridiction du fond pour en contester l'argumentation juridique. Le moyen est donc l'argument strictement juridique que l'on va développer devant la juridiction de cassation pour montrer que la juridiction inférieure s'est trompée dans le choix ou l'interprétation de la règle de droit.

C'est, par exemple, la violation de la loi (la juridiction du fond n'a pas correctement appliqué la loi), le manque de base légale (elle n'a pas appliqué la bonne loi), l'incompétence (elle a tranché un litige alors qu'elle était matériellement ou territorialement incompétente)...

C. Les juridictions de cassation

Il a déjà été dit (fiche 13) que le **Conseil d'État** est la juridiction de cassation en matière administrative. Il connaît des recours en cassation contre les décisions des cours administratives d'appel ou contre les décisions prises en premier et dernier ressort des tribunaux administratifs.

La **Cour de cassation** est la juridiction de cassation en matière civile. Elle connaît des pourvois en cassation formés contre les décisions des cours d'appel et des cours d'assises d'appel. Elle juge aussi les pourvois formés contre toutes les décisions des juges du premier degré qui ne sont pas susceptibles d'appel : tribunal d'instance, tribunal de commerce, conseil de prud'hommes pour un montant du litige inférieur à 4000 €.

La cour de cassation est constituée de différentes chambres, spécialisées par type d'affaire : trois chambres civiles, une chambre commerciale, une chambre sociale, une chambre criminelle. Une affaire peut aussi être jugée en chambre mixte, réunissant des magistrats de plusieurs chambres. Il existe aussi l'assemblée plénière de la Cour de cassation, qui réunit le premier président, l'ensemble des présidents de chambre plus un conseiller de chaque chambre et qui connaît des affaires de principe ou de celles qui reviennent devant la cour de cassation après avoir été jugées une première fois par une chambre isolée.

Si la cour de cassation estime que le pourvoi n'est pas fondé et qu'il n'y a pas lieu de contester la décision attaquée, elle rend un **arrêt de rejet** : le pourvoi est rejeté et la décision inférieure est confirmée. Si elle estime que les moyens du pourvoi sont justifiés, elle rend un **arrêt de cassation** : la décision inférieure est cassée, c'est-à-dire annulée, soit totalement soit partiellement.

Dans ce dernier cas, comme la Cour de cassation n'est pas une juridiction du fond et qu'elle ne peut juger qu'en droit, elle renvoie, en principe, l'affaire devant une autre cour d'appel que celle qui a rendu la décision cassée, ou devant la même composée d'autres magistrats. La cour d'appel de renvoi prendra un nouvel arrêt qui devra, normalement, interpréter la règle dans le sens donné par la Cour de cassation dans son arrêt de cassation. Il arrive cependant que les cours d'appel de renvoi ne s'inclinent pas devant la décision d'une chambre de la Cour de cassation et ne respectent pas sa volonté. Dans ce cas, la partie lésée peut former un second pourvoi en cassation et l'affaire sera jugée à nouveau par l'assemblée plénière de la Cour de cassation. L'assemblée plénière pourra alors rejeter le pourvoi, ce qui signifie qu'elle confirme l'arrêt de la cour d'appel de renvoi et revient sur la décision de l'arrêt de cassation pris par une chambre isolée. Elle peut aussi casser l'arrêt de la cour d'appel de renvoi en acceptant le pourvoi. L'affaire sera alors jugée par une nouvelle juridiction de renvoi qui aura l'obligation de respecter la décision de l'assemblée plénière de la Cour de cassation. Cela clôturera définitivement l'affaire.

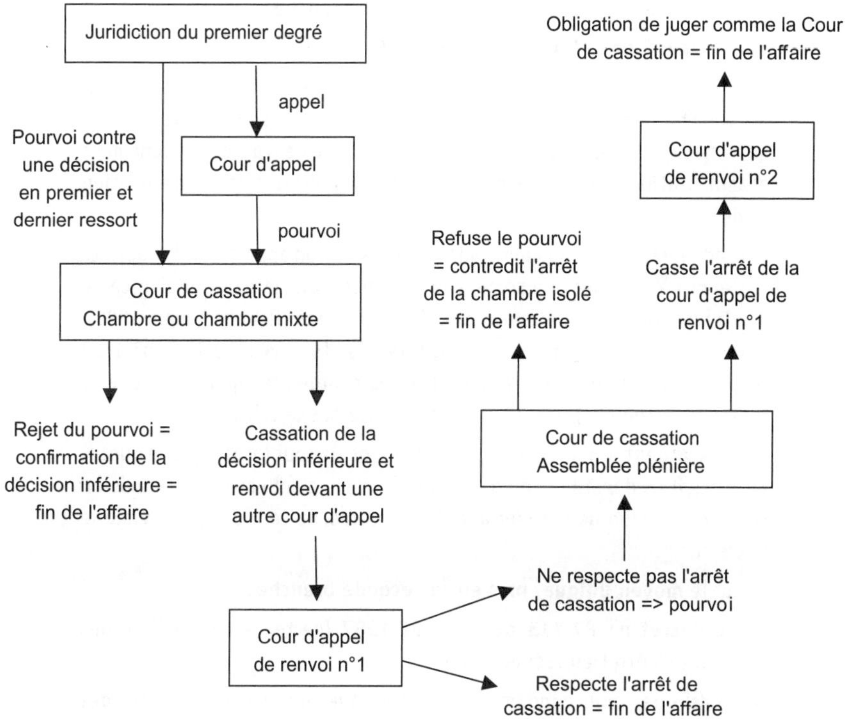

EXERCICE

Lecture et analyse d'une décision de jurisprudence - Extraits

« LA COUR DE CASSATION, TROISIÈME CHAMBRE CIVILE, a rendu l'arrêt suivant :

Sur le pourvoi formé par Mlle X, en cassation d'un arrêt rendu le 9 mars 1999 par la cour d'appel de Rouen (1re et 2e chambres civiles réunies), au profit de M. et Mme Y, défendeurs à la cassation ;

La demanderesse invoque, à l'appui de son pourvoi, le moyen unique de cassation annexé au présent arrêt ; [...]

Sur le **moyen unique, pris en sa première branche** :

Vu l'article 2 de la loi du 2 juillet 1966 ;

Le propriétaire, qui a installé à ses frais une antenne collective (...), est fondé à demander à chaque usager acceptant de se raccorder à cette antenne collective ou à ce réseau interne, à titre de frais de branchement et d'utilisation, une quote-part des dépenses d'installation, d'entretien et de remplacement ;

Attendu que, pour condamner Mlle X, locataire d'un appartement propriété des époux Y, à payer une somme au titre des frais de fixation d'un câble d'antenne collective de télévision, l'arrêt attaqué (Rouen, 9 mars 1999), statuant sur renvoi après cassation (CIV. III, 16 novembre 1993 n° 1717 D), énonce que ces frais font partie des charges récupérables, que le locataire ait ou n'ait pas, utilisé ou n'utilise pas la télévision ;

Qu'en statuant ainsi, en mettant à la charge de tout locataire une quote-part des frais d'installation d'un câble d'antenne collective de télévision sans acceptation de l'usager à y être raccordé, la cour d'appel a violé le texte susvisé ;

Et sur le **moyen unique, pris en sa seconde branche** :

Vu le décret n° 87-713 du 26 août 1987 (ce texte fixe la liste des dépenses d'entretien récupérables) ;

Attendu que, pour condamner Mlle X à payer une somme au titre des frais de dératisation, l'arrêt retient que sont à la charge du locataire les dépenses nécessaires à « l'entretien de propreté » des parties communes et que la dératisation de celles-ci fait partie de l'entretien et de l'hygiène de l'ensemble du bâtiment ;

Qu'en statuant ainsi, alors que l'annexe au décret n° 87-713 du 26 août 1987, qui fixe de manière limitative la liste des charges récupérables, ne mentionne pas les frais de dératisation, la cour d'appel a violé le texte susvisé ;

PAR CES MOTIFS :

CASSE ET ANNULE, mais seulement en ce qu'il a condamné Mlle X à payer aux époux Y la somme de 4,01 francs au titre de frais d'antenne de télévision et celle de 30,55 francs au titre de la dératisation, l'arrêt rendu le 9 mars 1999, entre les parties, par la cour d'appel de Rouen ; remet, en conséquence, quant à ce, la cause et les parties dans l'état où elles se trouvaient avant ledit arrêt et, pour être fait droit, les renvoie devant la cour d'appel de Caen ;

[...]

Ainsi fait et jugé par la Cour de Cassation, Troisième chambre civile, et prononcé par le président en son audience publique du vingt-neuf janvier deux mille deux. »

ANALYSE DE CETTE DÉCISION

Il s'agit d'une décision de la cour de cassation, formée sur un pourvoi de Mlle X, qui conteste un arrêt de la cour d'appel de Rouen qui l'a condamné à payer des charges locatives. La demanderesse devant la cour de cassation est alors Mlle X. Les époux Y, ses propriétaires, sont défendeurs (ils ont gagné devant la cour d'appel).

La décision est structurée en différentes parties :

- Une introduction précise quelle est la juridiction qui l'a rendue, ainsi que les parties concernées.
- Le corps de la décision, que l'on appelle les « motifs ». Il est lui-même subdivisé en sous-parties, qui constituent des « moyens ». Le moyen est l'argument qu'avance le demandeur dans son pourvoi en cassation pour expliquer que la Cour d'appel a mal appliqué le droit et qu'il faut casser sa décision. Ici, Mlle X n'avance qu'un seul argument (un seul moyen), mais il est découpé en deux sous-arguments : la première branche du moyen et la seconde branche du moyen. On retrouve alors la structure de l'argumentation avancée par le pourvoi pour contester la décision de la cour d'appel.

  À l'intérieur de chaque branche du moyen (de chaque argument), on trouve un raisonnement en trois parties qui rappelle le syllogisme (voir fiche n° 2). Un premier paragraphe, les visas, rappelle quelle est la règle de droit que la Cour de cassation applique (vu la loi..., vu le décret...). Un second paragraphe rappelle quelle a été la décision de la cour d'appel (Attendu que...). Un troisième paragraphe explique ce que pense la Cour de cassation du raisonnement de la Cour d'appel. Ici, elle dit que la Cour d'appel a mal appliqué le texte indiqué dans les visas : « la cour d'appel a violé le texte susvisé ».

- Une conclusion, que l'on appelle le « dispositif », qui donne la décision de la Cour de cassation compte tenu du raisonnement qu'elle a développé dans les motifs. Elle commence par « Par ces motifs... ».

On peut analyser l'argumentation de la Cour de cassation sur la première branche du moyen unique :

- Visas : La loi du 2 juillet 1966 indique que le propriétaire d'un logement dans un immeuble collectif peut se faire rembourser sa quote-part des frais d'installation d'une antenne collective si le locataire accepte de s'y connecter.
- Solution donnée par la Cour d'appel : Mlle X est locataire des époux Y. Ces derniers ont payé leur quote-part lors de l'installation d'une antenne collective dans l'immeuble de cette location. Donc Mlle X doit leur rembourser cette somme par application de la loi du 2 juillet 1966.
- Réponse de la Cour de cassation, qui correspond à l'argumentation développée par Mlle X dans son pourvoi : la loi du 2 juillet 1966 pose une condition au remboursement de ces frais d'installation d'antenne, il faut que le locataire ait accepté de s'y raccorder. La Cour d'appel n'a pas vérifié si cette condition était remplie. Or, Mlle X n'a jamais accepté de se raccorder à l'antenne. Donc, la Cour d'appel a eu tort de lui appliquer la loi du 2 juillet 1966 et de la condamner à rembourser à ses propriétaires les frais d'installation de l'antenne. L'arrêt d'appel est donc cassé.

RÉVISION - FICHES 10 À 15 - QCM

		VRAI	FAUX
1.	Une transaction est le mécanisme qui permet de mettre fin à un litige à l'amiable, sans recours au juge	☐	☐
2.	Une transaction est toujours possible	☐	☐
3.	Faire un procès est totalement gratuit	☐	☐
4.	Il est possible de choisir la juridiction devant laquelle on souhaite faire trancher un litige	☐	☐
5.	La clause compromissoire est celle par laquelle les parties à un litige trouvent un compromis pour y mettre fin	☐	☐
6.	L'exequatur est le jugement par lequel un juge étatique donne force obligatoire à une décision arbitrale	☐	☐
7.	Le médiateur ou le conciliateur se différencient d'un arbitre en ce sens qu'ils ne proposent pas de solution à un conflit	☐	☐
8.	Celui qui intente une action en justice peut ne pas toujours avoir un intérêt à agir.	☐	☐
9.	Les magistrats du parquet peuvent décider d'abandonner des poursuites pénales	☐	☐
10.	Le Conseil d'État ne juge qu'en cassation	☐	☐
11.	Il est toujours possible de faire appel d'une décision prise par une juridiction judiciaire	☐	☐
12.	Le conseil des prud'hommes est la seule juridiction qui connaît des litiges en droit du travail	☐	☐
13.	Un litige entre un particulier et un commerçant peut ne pas être de la compétence du tribunal de commerce	☐	☐
14.	Il est toujours possible de contester par la voie de la cassation une décision prise en premier et dernier ressort	☐	☐
15.	Le choix d'une juridiction pénale se fait en fonction de la gravité de l'infraction	☐	☐
16.	Lorsqu'il est fait appel d'une décision du premier degré, elle reste quand même exécutable	☐	☐
17.	La cassation a un effet dévolutif	☐	☐

Solutions

1 V ; 2 F (impossible en matière pénale par exemple) ; 3 F (Le recours au juge est gratuit, les auxiliaires de justice parfois nécessaires sont payants) ; 4 F ; 5 F ; 6 V ; 7 V ; 8 V ; 9 V ; 10 F ; 11 F ; 12 F ; 13 V (cas des actes mixtes lorsque le demandeur est le particulier) ; 14 V ; 15 F (Faux directement : le choix se fait en fonction de la gravité de le peine maximale encourue. On peut cependant estimer que la gravité de la peine dépend de la gravité de l'infraction) ; 16 F (effet suspensif de l'appel) ; 17 F.

Troisième partie

Les droits subjectifs

La fonction du service public de la justice est d'appliquer les règles du droit objectif à des situations concrètes : trancher des litiges entre personnes, sanctionner une transgression. Ce passage de l'abstrait au concret constitue le deuxième sens du mot droit. Il ne s'agit plus du droit objectif (au singulier), abstrait et impersonnel, mais des **droits subjectifs** (au pluriel) : les droits dont une personne, le **sujet de droit**, peut se prévaloir concrètement dans une situation particulière.

Les droits subjectifs sont donc les prérogatives qu'un individu peut revendiquer. Ils ne naissent pas *ex nihilo*, mais sont possibles parce qu'une règle du droit objectif est applicable à cet individu et à la situation dans laquelle il se trouve.

Pour pouvoir se prévaloir de ses droits subjectifs, le sujet de droit doit prouver ses prétentions. Il ne suffit pas d'affirmer leur existence pour qu'un juge en soit convaincu. L'étude des droits subjectifs commence donc par celle de la preuve. Il faut d'abord savoir qui doit prouver et ce qu'il doit prouver (fiche n° 16), avant de présenter quels sont les moyens de preuves admis par le droit (fiche n° 17) et dans quels cas ils sont utilisables (fiche n° 18).

N'importe qui n'est pas sujet de droit. La personnalité juridique des personnes physiques, individus de chair et de sang, ne fait aucun doute mais son étendue doit être précisée. À côté d'elles, existent des personnes morales pures abstractions qui sont pourtant des sujets de droit (fiche n° 19). Une personne reconnue juridiquement est identifiée par différents attributs (fiche n° 20). La personnalité juridique a d'importantes conséquences (fiche n° 21).

Seules les personnes ayant la personnalité juridique peuvent se prévaloir de droits subjectifs. Ces droits sont nombreux, il faut en dresser une typologie (fiche n° 22) avant d'en présenter de façon plus détaillée les deux grandes familles : les droits réels (fiche n° 23) et les droits personnels (fiche n° 24).

Fiche 16
Charge et contenu de la preuve

- **Objectif :** Savoir qui doit prouver et ce qui doit être prouvé lors d'un procès
- **Prérequis :** Fiche 3
- **Mots-clefs :** Preuve ; charge de la preuve ; contenu de la preuve

Pour qu'un individu puisse se prévaloir d'un droit, il lui faut prouver ce qu'il avance. Prouver pose trois problèmes, qu'il faut successivement résoudre. Qui doit prouver : charge de la preuve ? Que faut-il prouver : contenu de la preuve ? Comment le prouver : moyens de preuve (fiche suivante) ?

1. L'enjeu de la preuve

A. Procédure inquisitoire et procédure accusatoire

Il existe deux mécanismes possibles pour savoir qui doit prouver :

- En matière **pénale**, c'est le juge qui recherche les preuves. Il a un rôle actif. On reconnaît la **procédure inquisitoire**.
- En matière **civile**, le juge a un rôle passif. Il reçoit les preuves que lui apportent les parties et n'a qu'à juger de leur validité et de leur poids. Si une partie ne prouve pas ce qu'elle énonce, le juge ne retient pas sa prétention sans chercher lui-même une preuve. On reconnaît la **procédure accusatoire**. Ce principe est aujourd'hui à nuancer puisque le juge peut prendre l'initiative de rechercher lui-même certaines preuves, comme ordonner une expertise par exemple (art. 10 Code de procédure civile).

Le principe du contradictoire veut qu'une partie puisse contester toute preuve amenée par son adversaire.

B. Charge de la preuve

Dans le cas d'une preuve pratiquement impossible à amener, celui qui doit prouver supporte le risque de perdre le procès, même s'il a raison. Le juge ne peut se contenter de décider seul de qui il croira la parole lorsqu'aucun élément objectif ne permet de donner raison à l'une ou l'autre des parties. C'est alors celui à qui incombe **la charge de la preuve** et qui ne peut prouver qui voit ses prétentions repoussées.

Imaginons un litige entre un industriel et un transporteur. Le premier a demandé par téléphone au second de prendre une marchandise en charge, tel jour, pour un transport vers telle destination. Le transporteur a confirmé, toujours par téléphone, son accord. Il y a donc contrat de transport entre eux. Malheureusement, le jour dit, le véhicule ne se présente pas et le transporteur refuse d'exécuter la prestation à laquelle il s'était engagé. L'industriel est furieux car son client ne sera pas livré à temps et il devra lui verser de fortes pénalités. Il demande des dommages et intérêts au transporteur pour non-exécution du contrat. Le transporteur prétend qu'il ne s'était pas engagé et que la négociation téléphonique n'avait pas abouti. Lequel des deux a raison ? La question est bien délicate à trancher car il s'agit de la parole de l'un contre celle de l'autre.

Si la charge de la preuve pèse sur l'industriel, c'est à lui d'avancer des éléments de preuve qui justifient l'engagement du transporteur et donc la formation du contrat. Si la charge de la preuve porte sur le transporteur, c'est à lui d'avancer des éléments de preuve qui montrent son refus du contrat.

Dans le premier cas, il y a de fortes chances pour que l'industriel n'ait aucun élément de preuve autre que sa parole. Il perd le procès et le transporteur le gagne tout en ayant un rôle passif. Dans le second cas, le transporteur n'a pas plus d'élément de preuve, mais c'est lui qui perd le procès, l'industriel obtenant gain de cause tout en ayant un rôle passif.

C. Contenu de la preuve

Le principe est simple : doit être prouvé tout ce que l'on prétend et qui a un enjeu juridique. C'est en général un élément factuel à partir duquel on déduit l'application d'une règle de droit et une solution à un litige. Ainsi, dans l'exemple précédent, l'industriel doit prouver l'accord du transporteur lors de leur négociation téléphonique. De cet accord, se déduit l'échange des consentements qui, juridiquement, suffit à la formation du contrat de transport.

Par contre, les parties au litige n'ont pas à prouver l'existence et le contenu de la règle de droit applicable à ce fait. Elle est supposée connue du juge.

2. Les solutions en matière civile et commerciale

A. Le principe

La solution au problème de la charge de la preuve se trouve dans l'article 1353 du Code civil: « Celui qui réclame l'exécution d'une obligation doit la prouver. Réciproquement, celui qui se prétend libéré doit justifier le paiement ou le fait qui a produit à l'extinction de son obligation ». On retrouve cette règle dans l'article 9 du code de procédure civile: « Il incombe à chaque partie de prouver conformément à la loi les faits nécessaires au succès de sa prétention ».

Il est fréquent d'expliquer cette règle en indiquant que c'est le demandeur qui supporte la charge de la preuve. C'est exact si l'on entend par demandeur celui qui exprime une prétention: une partie doit prouver ce qu'elle avance. Par contre, le défendeur à l'action en justice peut aussi être amené à prouver et n'a pas qu'un rôle strictement passif. Il est alors plus exact de dire que la charge de la preuve pèse sur celui qui prétend quelque chose: celui qui exprime une prétention doit la justifier en la prouvant.

Dans l'exemple précédent, le demandeur lors du procès sera l'industriel: c'est lui qui réclame des dommages et intérêts. Il prétend qu'il y a contrat de transport, il doit donc le prouver. Pour cela, il faut prouver que le transporteur a donné son consentement lors de la négociation téléphonique. S'il y réussit, le procès ne s'arrête pas là: le transporteur, qui est défendeur à l'action, peut prétendre qu'il ne s'est pas présenté en raison d'un cas de force majeure (une décision préfectorale interdisant la circulation dans sa commune en raison de la visite inopinée du chef de l'État par exemple). S'il amène cette dernière preuve et qu'il convainc le juge qu'il y bien force majeure, le transporteur gagne le procès, même si l'industriel a préalablement prouvé l'existence du contrat. C'est ce qu'indique la dernière partie de l'article 1353 du Code civil: le transporteur, qui se prétend libéré (c'est-à-dire ne pas devoir remplir le contrat) prouve le fait qui a supprimé son obligation (le cas de force majeure avec l'interdiction préfectorale).

Ainsi, dans la procédure accusatoire du droit civil, le risque de l'absence de preuve pèse sur le demandeur à l'action, mais le défendeur a toujours la possibilité soit d'amener la preuve contraire, soit de prouver un autre élément qui vient contredire ce que dit son adversaire.

On peut alors comparer la charge de la preuve à une partie de tennis. Le demandeur à l'action est au service. S'il ne prouve pas sa prétention il rate son service. L'adversaire n'a plus besoin de renvoyer la balle. Le défendeur a alors un rôle passif : il n'a pas besoin d'amener la preuve contraire. Par contre, si le demandeur à l'action prouve ce qu'il prétend, il réussit son service. L'adversaire doit alors renvoyer la balle. Le défendeur à l'action a alors un rôle actif : il doit amener une preuve contraire, ce qui équivaut à retourner la balle à son adversaire. Si ce retour est réussi, la partie continue jusqu'à ce que l'un rate la balle : il n'arrive plus à prouver ce qu'il avance.

B. Les présomptions légales (simples et irréfragables

Dans certains cas, la loi dispense une partie de prouver ce qu'elle avance. Il s'agit donc d'une exception au principe de la charge de la preuve incombant à celui qui exprime une prétention. On parle alors de **présomption légale**, qui inverse la charge de la preuve : une partie est dispensée de prouver et c'est à l'autre d'amener éventuellement la preuve contraire.

Ce mécanisme est en général utilisé pour faciliter l'action en justice lorsque la preuve est impossible ou très difficile à amener et qu'il existe cependant de fortes chances pour que ce qu'affirme le demandeur soit vrai : on va présumer que ce qu'il dit est vrai. L'article 1354 alinéa 1 du Code civil indique que « La présomption que la loi attache à certains actes ou à certains faits en les tenant pour certains dispense celui au profit duquel elle existe d'en rapporter la preuve ».

Les présomptions légales sont de trois types :

- **Présomptions simples** : une partie est dispensée de prouver ce qu'elle aurait normalement dû prouver (dans l'analogie avec la partie de tennis, elle est certaine de gagner le service). La partie adverse peut cependant amener la preuve contraire (elle a le droit d'essayer de renvoyer la balle). Un exemple classique est celui de l'article 312 du Code civil : le mari d'une femme est présumé être le père des enfants de celle-ci. Il ne sera pas nécessaire aux enfants de prouver leur filiation ou au mari de prouver sa paternité. Par contre, l'enfant peut essayer de prouver qu'en réalité son père n'est pas l'époux de sa mère, ou le mari peut essayer de prouver qu'il n'est pas le père de l'enfant de son épouse, même si cette preuve peut être délicate à rapporter.
- **Présomption mixte** : une partie est dispensée de prouver ce qu'elle aurait normalement dû prouver. La partie adversaire peut amener la preuve contraire, mais uniquement par certains moyens (une preuve écrite par exemple).

- **Présomptions irréfragables** : une partie est dispensée de prouver ce qu'elle aurait normalement du prouver. Il est interdit à la partie adverse de prouver le contraire, même si elle pourrait y parvenir matériellement. Ce type de présomption est extrêmement fort, et est donc très rare. On cite classiquement comme exemple l'autorité de la chose jugée : une fois que toutes les voies de recours ont été épuisées, un jugement est définitivement considéré comme vrai.

EXERCICES

Dans chacune des situations suivantes, indiquez sur qui pèse la charge de la preuve.

1. M. et Mme Misole se sont mariés en 2005. En 2009, leur premier enfant vient au monde. Les parents se disputent au sujet de la paternité de l'enfant : la mère soutient que le père est son mari, ce dernier soutient le contraire.

2. M. Soulet a prêté 4 000 € à son voisin, M. Rabiné. Ils ont convenu que le remboursement se ferait en une seule fois, un an plus tard, sans intérêt. Le moment venu, M. Soulet réclame la somme et M. Rabiné refuse de payer en indiquant qu'il a déjà remboursé.

3. Mme Hamid commande des produits de beauté par correspondance. Elle ne reçoit pas la livraison. Elle contacte le vendeur qui prétend qu'il a envoyé la marchandise depuis deux semaines.

SOLUTIONS

1. Il existe une présomption légale de paternité : les enfants nés d'un couple marié sont présumés avoir pour père le mari de leur mère.

Si c'est Mme Misole qui intente l'action en justice pour faire reconnaître l'enfant comme étant le fils de son mari, elle n'a pas besoin de prouver réellement cette paternité. Il lui suffit de prouver qu'elle est la mère de l'enfant (preuve facile à apporter) et que M. Misole est son mari (tout aussi facile à prouver). La loi en déduira automatiquement la paternité de M. Misole : présomption simple.

Si c'est M. Misole qui refuse de reconnaître la paternité de l'enfant, c'est à lui qu'incombe, en application de l'article 1353 du Code civil, la charge de la preuve de cette non-paternité.

2. La charge de la preuve de l'existence du contrat de prêt et de son contenu (somme prêtée, absence d'intérêts, date de remboursement) pèse

sur le prêteur: pour pouvoir exiger un remboursement, c'est d'abord M. Soulet qui doit prouver la réalité du prêt. Tant que cette preuve n'est pas rapportée, M. Rabiné peut rester passif et n'a pas à rembourser. C'est ce qu'indique la première partie de l'article 1353 du Code civil: « celui qui réclame l'exécution d'une obligation doit la prouver ».

Si, par contre, M. Soulet prouve sa créance, c'est ensuite à M. Rabiné de prouver qu'il a réellement remboursé. La charge de la preuve du paiement pèse sur le débiteur. C'est ce qu'indique la seconde partie de l'article 1353 du Code civil: « celui qui se prétend libéré doit justifier le paiement ou le fait qui a produit l'extinction de son obligation ».

3. C'est, en premier lieu, à Mme Hamid de prouver l'existence et le contenu du contrat, c'est-à-dire sa commande. Elle prouve l'existence de sa créance (première partie de l'article 1353 code civil). Ensuite, c'est au débiteur, c'est-à-dire le magasin de vente par correspondance, de prouver qu'il a envoyé la marchandise. Il prouve qu'il a remis la marchandise à un transporteur et que ce dernier a correctement rempli sa mission (seconde partie de l'article 1353 code civil).

CAS PRATIQUE

M. Giacometti et M. Pamatai sont voisins. Ils habitent chacun un charmant pavillon à la campagne. Le terrain de M. Giacometti est bien plus grand que celui de M. Pamatai. Par contre, ce dernier voue une passion au jardinage alors que M. Giacometti est fâché avec cette activité. Un soir, alors qu'ils prennent l'apéritif, il leur vient une idée: M. Pamatai cultivera une partie du terrain de M. Giacometti. Il achètera et payera les outils, semences... nécessaires à cette activité. Ils conviennent aussi que lorsque cet accord cessera, tout le matériel qui a été acheté par M. Pamatai reviendra à M. Giacometti.

Première situation: tout se passe bien pendant quelques années. Mais un beau jour, ils se brouillent. M. Giacometti expulse M. Pamatai de son terrain. Ce dernier part avec le matériel et refuse de le laisser comme ils en avaient convenu. Que faut-il prouver? Sur qui pèse la charge de la preuve?

Seconde situation: M. Pamatai court vite acheter bêche, pelle, motoculteur... Il dépense 2 500 € en matériel. Patatras: quand arrive le week-end suivant et qu'il se rend chez son voisin pour le premier coup de pioche, ce dernier a changé d'avis et refuse de le laisser entrer. M. Pamatai est furieux et réclame le remboursement des frais qu'il a engagé en vain. Que faut-il prouver ? Sur qui pèse la charge de la preuve ?

SOLUTIONS

Première situation : il faut prouver l'existence et le contenu de l'accord qui lie M. Giacometti et M. Pamatai. C'est d'abord à M. Giacometti de prouver qu'ils avaient convenu que le matériel acheté par M. Pamatai doit lui être laissé. En effet, c'est M. Giacometti qui réclame l'exécution d'une obligation dont il est bénéficiaire : la charge de la preuve de cette obligation lui incombe. On retrouve la première partie de l'article 1353 du Code civil : celui qui prétend quelque chose doit le prouver. Tant que cette preuve n'est pas amenée par M. Giacometti, M. Pamatai a un rôle passif et n'a pas à restituer les outils de jardinage.

Par contre, si M. Giacometti arrive à prouver le contenu de leur accord, ce sera ensuite à M. Pamatai de prouver qu'il a bien laissé à M. Giacometti tout le matériel acheté. On retrouve la seconde partie de l'article 1353 du Code civil : celui qui prétend avoir exécuté son obligation doit prouver cette exécution.

Seconde situation : Il faut commencer par prouver l'accord par lequel M. Giacometti s'est engagé à laisser M. Pamatai faire du jardinage sur son terrain. C'est alors M. Pamatai qui réclame l'exécution d'une obligation dont il serait bénéficiaire. C'est sur lui que pèse la charge de cette preuve. Ce n'est que s'il prouve qu'il a acheté le matériel de jardinage parce que M. Giacometti s'est engagé à lui prêter une partie de terrain qu'il peut espérer soit le respect de son engagement par M. Giacometti soit le remboursement de ce matériel.

C'est M. Giacometti qui a un rôle passif dans cette situation. Tant que son voisin ne prouve pas leur engagement, il n'a rien à voir avec l'achat de matériel de jardinage effectué par M. Pamatai.

Fiche 17
Les moyens de preuve

1. Les preuves parfaites
2. Les preuves imparfaites

- **Objectif :** Connaître les différents systèmes de preuve : légale et libre
- **Prérequis :** Fiches 10 et 16
- **Mots-clefs :** Acte authentique ; acte sous signature privée ; aveu judiciaire ; témoignage ; présomptions judiciaires ; aveu extrajudiciaire

On classe les moyens de preuve en deux familles. Tout d'abord, celles dont la fiabilité est considérée comme supérieure et dont le juge doit impérativement tenir compte : les **preuves parfaites.** Ensuite, celles dont la fiabilité est considérée comme moindre et qui ne lient pas le juge, c'est-à-dire qu'il est libre d'en tenir compte ou pas : les **preuves imparfaites.**

1. Les preuves parfaites

Ce sont les preuves écrites, que l'on appelle aussi littérale. Il faut nuancer cette notion d'écrit, car les articles 1365 et suivants du Code civil qui définissent ce type de preuve considèrent comme écrit toute suite de signes et symboles intelligibles, quel qu'en soit le support, ce qui autorise aussi bien l'écrit traditionnel que l'écrit électronique. Ce dernier peut alors être une preuve parfaite dès lors que la technologie employée garantit l'authenticité et l'intégrité du contenu, l'identité et la signature électronique valide du ou de ses auteurs.

Tout message sous forme électronique n'est cependant pas une preuve parfaite : un simple courriel ne l'est pas, car cette technologie n'offre aucune des garanties d'authenticité et de signature. Il en est de même pour l'écrit traditionnel, un simple document imprimé n'est pas une preuve parfaite. Pour qu'il soit considéré comme tel, il faut qu'il remplisse certaines conditions, selon le type de preuve parfaite qu'il prétend être.

A. L'acte authentique

C'est la preuve parfaite par excellence, celle qui présente les meilleures garanties d'authenticité. L'écrit doit remplir impérativement certaines conditions pour être considéré comme un acte authentique :

- Être **rédigé et signé par un officier public qui a compétence pour l'établir**. Un notaire établissant un acte de vente immobilier dresse un acte authentique, tout comme un officier d'état civil qui enregistre une naissance ou un huissier qui délivre un commandement de payer.
- Remplir **certaines conditions de forme**, variables selon le type d'acte authentique : être rédigé en français, être lu aux parties, être enregistré... pour un acte notarié par exemple.

Si ces conditions sont respectées, l'écrit acquiert la qualité d'acte authentique et est une preuve parfaite, que le juge ne peut pas écarter. Sa date est opposable à tous, aussi bien aux parties qu'aux tiers et est considérée comme certaine. Les informations qu'il contient et qui ont été personnellement constatées par l'officier public sont considérées comme certaines (date et identité des signataires). Elles ne peuvent être contestées que par une procédure spécifique, l'inscription de faux, longue et hasardeuse. Les informations qu'il contient qui ont été simplement relatées à l'officier public, sans qu'il les ait constatées lui-même, font foi jusqu'à preuve contraire, cette dernière pouvant être amenée selon les règles habituelles sans qu'il ne soit nécessaire d'utiliser la procédure d'inscription de faux.

B. Acte sous signature privé

C'est une preuve parfaite mais dont la force probante est inférieure à celle de l'acte authentique. Ainsi, alors que la date d'un acte authentique est opposable aux tiers, celle d'un acte sous signature privé ne peut être opposée qu'aux signataires de cet acte. De même, son contenu peut être contesté plus simplement que celui de l'acte authentique : il fait foi jusqu'à ce qu'une partie amène une preuve contraire. Si c'est un tiers qui conteste l'acte, il peut amener cette preuve contraire par tout moyen. Si c'est une partie à l'acte qui le conteste, il ne peut qu'amener une preuve écrite.

Il est très utilisé, en matière contractuelle notamment, en raison de la simplicité et de la rapidité de sa création ainsi que de son coût, inférieur à celui d'un acte notarié.

Pour pouvoir être qualifié d'acte sous seing privé, un écrit doit respecter impérativement certaines conditions :

- L'acte sous seing privé peut être établi sur n'importe quel support, il peut être manuscrit ou dactylographié, il peut être sous forme papier ou électronique… La seule condition de forme est qu'il comporte la **signature originale** de la ou des parties engagées par l'acte.
- Lorsque cet acte concerne plusieurs parties, un contrat avec des prestations réciproques comme une vente par exemple, il doit être établi en **autant d'exemplaires que de parties concernées avec mention du nombre d'originaux sur chacun d'eux**. Peu importe que le texte des exemplaires soit reproduit automatiquement, mais chacun doit comporter la signature originale de chacune des parties. C'est ce que l'on appelle la formalité du double (article 1375 du Code civil).
- Lorsque cet acte porte sur un engagement à payer une somme d'argent, celui qui doit la payer doit **écrire de sa propre main la somme en chiffres et en lettres** (article 1376 du Code civil).

Il existe « **l'acte d'avocat** » (article 1374 code civil) : c'est un acte sous signature privée contresigné par l'avocat de chacune des parties ou par un seul avocat commun à toutes les parties. Il est intermédiaire entre l'acte sous signature privée et l'acte authentique. Il « fait foi de l'écriture et de la signature des parties ». Il est dispensé des éventuelles mentions manuscrites qui auraient pu, sinon, être nécessaires dans un acte sous signature privée classique. Mais il n'a pas date certaine. On en trouve, par exemple, application dans le divorce par consentement mutuel sans recours au juge, dès lors que chaque partie à son propre avocat.

Lorsqu'un écrit ne respecte pas les conditions nécessaires pour être un acte sous signature privée, donc une preuve parfaite, il peut être considéré comme un **commencement de preuve par écrit** s'il est rédigé par celui contre qui on souhaite prouver et s'il rend vraisemblable ce que l'on avance. Il a alors la valeur d'une preuve imparfaite mais il peut remplacer la preuve parfaite (voir fiche n° 18).

C. Aveu judiciaire

L'aveu est le fait, par un individu, de reconnaître comme vrai un fait qui a des conséquences juridiques la concernant. Ainsi celui qui s'est engagé à livrer une marchandise et qui ne respecte pas le contrat peut-il reconnaître être débiteur de cette obligation de livrer.

Pour être une preuve parfaite, l'aveu doit être judiciaire, c'est-à-dire fait à l'occasion d'un procès. Lorsque, lors du procès, une partie reconnaît comme vraies les prétentions de son adversaire, le juge est tenu de trancher en ce sens.

Par contre, en droit pénal, le juge n'est jamais lié par l'aveu. De même l'aveu extra-judiciaire, fait par exemple à l'occasion d'une enquête de police et non pas devant le juge, n'est pas une preuve parfaite et le juge est libre de ne pas en tenir compte.

D. Le serment décisoire

Si une partie ne possède aucun élément de preuve valable, elle peut demander à son adversaire de confirmer sous serment ce que ce dernier prétend. Si l'adversaire confirme ses dires sous serment, il gagne le procès. S'il refuse de confirmer ses dires sous serment, il perd le procès.

Ce procédé, qui dépend entièrement de la bonne ou de la mauvaise foi de son adversaire, est très rarement utilisé.

E. Les copies d'écrits

L'article 1379 du Code civil indique que « la copie fiable a la même force probante que l'original. La fiabilité est laissée à l'appréciation du juge. » Ce texte précise deux cas :

- les copies exécutoires ou authentiques d'un acte authentique (délivrées par l'officier ministériel ayant établi l'acte) sont réputées fiables.
- lorsque le procédé de copie garantit l'intégrité de l'acte en reproduisant à l'identique sa forme et son contenu, selon des conditions fixées par décret, il est présumé fiable. Il s'agit d'une présomption simple pouvant être combattue par la preuve contraire.

2. Les preuves imparfaites

Ce sont des preuves qui ne lient pas le juge. Il est donc libre de les accepter ou pas. Si chaque partie amène une ou plusieurs preuves imparfaites, le juge est libre de les hiérarchiser et de n'en retenir que certaines. Lorsque, lors d'un procès, les parties amènent à la fois des preuves imparfaites et des preuves parfaites, ce sont ces dernières que le juge doit prendre en considération.

A. Le témoignage

C'est la relation faite au juge, par un individu, de faits dont elle a eu connaissance. Normalement, le témoignage doit être direct : celui qui relate un fait doit en avoir été directement le témoin. Ainsi, la preuve par « ouï-dire » ou par « commune renommée » n'est normalement pas acceptée. Par contre, la jurisprudence admet qu'un témoin puisse rapporter des déclarations faites par un tiers en sa présence.

La procédure est prévue par les articles 199 et suivants du code de procédure civile. Le témoignage peut être recueilli oralement, le témoin venant déposer devant le juge selon la procédure dite de l'enquête. Le témoignage peut aussi être fait par écrit, l'attestation étant ensuite produite devant le juge.

B. Les présomptions judiciaires

Attention : il ne faut pas confondre ce type de présomption avec les présomptions légales étudiées dans la fiche précédente. Dans une présomption légale, la loi dispense une partie de prouver ce qu'elle devrait normalement prouver.

Dans les présomptions judiciaires, prévues par l'article 1382 du Code civil, il s'agit pour le juge de considérer comme vrai quelque chose qui n'est pas réellement prouvé car il dispose d'indices suffisamment forts pour en supposer la véracité. Le juge déduit quelque chose d'inconnu à partir d'indices qui, eux, sont prouvés. Il ne peut utiliser cette technique que s'il dispose d'éléments « graves, précis, et concordants » et uniquement si la loi utilise la preuve par tout moyen.

La preuve par présomption judiciaire est utilisée, par exemple, lorsque l'on ne dispose pas de preuve écrite et que la loi permet de s'en dispenser.

Imaginons un propriétaire-bailleur qui réclame le loyer mensuel à son locataire. Ce dernier assure avoir déjà payé par chèque, mais il ne dispose pas d'une quittance de loyer signée par le propriétaire et portant mention de la somme en chiffres et lettres de la main de ce dernier. Il n'a donc pas de preuve parfaite pour justifier ce paiement. Par contre, il obtient de sa banque une attestation indiquant qu'il a émis un chèque d'un montant correspondant exactement au loyer et que ce chèque a été encaissé sur le compte du propriétaire en début de mois. Le chèque n'est pas une preuve parfaite, il n'est ni un acte authentique ni un acte sous signature privée. Mais il est un bon indice qui peut permettre au juge de présumer que le locataire a bien réglé sa dette.

C. L'aveu extrajudiciaire

Une partie reconnaît un fait comme vrai, mais à la différence de l'aveu judiciaire, cet aveu est fait hors de la présence d'un juge : dans un écrit, lors d'une enquête de police, oralement devant des tiers... Dans ce cas, le juge est libre de l'accepter ou non comme élément de preuve. De même, il est possible de revenir sur un aveu extrajudiciaire et de le rétracter.

D. Le serment supplétoire ou « déféré d'office »

Ce n'est pas, comme dans le serment décisoire, une partie qui demande à l'autre de prêter serment mais le juge qui le demande à l'une ou l'autre des parties. Le juge ne peut y recourir qu'en complément d'une autre preuve et il n'est pas lié par la réponse faite sous serment par le justiciable. Pour les mêmes raisons que le serment décisoire, il n'est que très rarement utilisé.

EXERCICE

Dans chacune des situations ci-dessous, indiquez de quel type de preuve il s'agit :

1. M. Couic est locataire d'un appartement. Il est parti en vacances en Grèce. Pendant ses congés il tombe amoureux du pays et d'une de ses habitantes. Sous le coup de l'émotion, il envoie une carte postale à son propriétaire, dans laquelle il lui fait part de sa décision de rompre le bail pour s'installer définitivement dans une île des Cyclades. Hélas, sa passion est de courte durée. Mais, quand il veut rentrer dans ce qui était son appartement parisien, il trouve la serrure changée et un nouveau locataire installé.

2. M. Bocamion, d'une entreprise de transport, reçoit un courriel d'un industriel qui lui demande de venir charger une marchandise le lendemain.

3. M. Bocamion, de la même entreprise de transport, renvoie, après signature du chef d'entreprise, un exemplaire d'un bon de commande d'un véhicule neuf. Ce bon de commande a été reçu en deux exemplaires avec pour chacun la signature du vendeur.

4. Mme Padbol revient à pied vers sa voiture garée sur une place de parking. Alors qu'elle est à une vingtaine de mètres, elle voit un malotru en train de crever un pneu de son véhicule avec un tournevis. Elle sort vite son téléphone portable dernier cri et elle prend une photographie du vandale.

5. M. O'Connor est très fier de la naissance sa fille Marion. Il court à la mairie déclarer la naissance et en revient avec un extrait d'acte de naissance.

6. Mme Padbol est propriétaire d'un appartement qu'elle loue à Mlle Râle. Au bout de quelques années, Mme Padbol souhaite mettre fin au bail afin de pouvoir habiter elle-même l'appartement. Elle fait signifier sa décision à Mlle Râle par un huissier de justice.

7. M. Couic téléphone à la gendarmerie car il vient de voir, par la fenêtre, son voisin violenter son épouse.

SOLUTIONS

1. Il s'agit, pour le propriétaire, de prouver l'intention de M. Couic de mettre fin au bail. Le seul élément probant est la carte postale. Ce n'est pas une preuve littérale, car même si elle est écrite, elle ne peut pas être considérée comme un acte sous signature privé (un seul exemplaire, pas de signature originale de chacune des parties). La carte postale, qui émane de celui contre qui on veut prouver, laisse, par contre, présumer

son intention de rompre le bail. Elle ne peut qu'être considérée comme une preuve imparfaite, soumise à l'appréciation du juge. On pourrait même se demander si elle n'est pas un commencement de preuve par écrit (voir la fiche n° 18) : elle émane de celui contre qui on veut prouver et elle rend vraisemblable ce que l'on souhaite prouver. Par contre, elle n'est corroborée par aucune autre preuve imparfaite.

2. Ce courriel ne peut pas être analysé comme une preuve parfaite. Ce n'est pas un écrit au sens juridique car, même s'il est constitué d'une suite électronique de caractères intelligibles (il répond en cela à la condition de l'article 1365 du Code civil), il ne porte pas la signature originale de son émetteur (condition de l'article 1367 du Code civil) et son auteur ne peut pas être garanti tout comme l'intégrité de son contenu (conditions de l'article 1366 du Code civil). La encore, cependant, ce sera une preuve imparfaite qui laissera présumer de l'intention de l'industriel.

3. Le bon de commande présente les caractéristiques de l'acte sous signature privée, preuve écrite : deux exemplaires, c'est-à-dire autant que de personnes concernées par le contrat, chacun revêtu de la signature originale de chacune des parties et probablement du nombre d'exemplaires. Par contre, comme le contrat concerne la livraison de véhicule et doit comporter un prix, il faudrait pour que ce soit exactement un acte sous signature privée, que l'acquéreur ait porté la somme à payer en toutes lettres de sa propre main.

4. La photographie prise par Mme Padbol est une preuve imparfaite. Il ne s'agit pas d'un écrit, au sens juridique de preuve littérale (acte authentique ou acte sous seing privé).

5. Il s'agit d'une copie d'un acte authentique. En effet, l'acte de naissance a été dressé en des formes précises par un officier d'état-civil. C'est donc une preuve parfaite.

6. La signification de la fin du bail par un huissier de justice est un acte authentique, donc une preuve parfaite dont la date et le contenu ne pourront être contestés, sauf par une procédure d'inscription de faux. En effet, elle a été faite en des formes précises par un officier public.

7. Il s'agit d'un témoignage. M. Couic relate des faits dont il a directement eu connaissance. C'est une preuve imparfaite.

Fiche 18
L'utilisation des moyens de preuve

1. Droit civil : utilisation de la preuve légale pour les actes juridiques
2. Cas d'utilisation de la preuve libre
3. Les exceptions à ces principes

- **Objectif :** Comprendre les systèmes de preuve légale et de preuve libre. Savoir dans quel cas ils s'utilisent
- **Prérequis :** Fiches 3, 10, 11, 16 et 17
- **Mots-clefs :** Preuve légale ; preuve libre ; acte juridique ; fait juridique ; preuve contre un commerçant ; commencement de preuve par écrit

Dans certains cas, seules les preuves parfaites peuvent être utilisées et le juge sera obligé d'en tenir compte : on parlera de système de **preuve légale**. Dans d'autres cas, les parties en présence peuvent amener n'importe quel type de preuve et ce sera le juge qui choisira celles qu'il retient : c'est le système de la **preuve libre.** Il importe alors de connaître les conditions d'admissibilité d'un type de preuve.

1. Droit civil : utilisation de la preuve légale pour les actes juridiques

A. Le principe

L'article 1359 du Code civil dispose : « **L'acte juridique** portant sur une somme ou une valeur excédant un montant fixé par décret doit être prouvé par écrit sous signature privée ou authentique [...]. ».

La somme mentionnée dans ce texte est fixée à 1 500 €. En conséquence, il est nécessaire d'utiliser une preuve écrite pour prouver un **acte juridique** dès lors que l'intérêt en jeu dépasse 1 500 €. Dans ce cas, il faut penser à se constituer, lors de la création de l'acte, une preuve écrite soit par un acte authentique, soit par un acte sous signature privée. Si cette preuve préconstituée a été oubliée, il est, en principe, impossible d'utiliser d'autres moyens de preuve a posteriori.

Pour évaluer l'intérêt en jeu, il n'y a aucune difficulté particulière lorsque la demande porte sur une somme d'argent identifiée dans l'acte. Par contre, lorsque la demande porte sur une prestation ou un bien, il est nécessaire d'en évaluer la valeur pour savoir si elle dépasse ou non le seuil de 1 500 €. Le demandeur ne peut pas diminuer sa demande sous ce seuil afin de prétendre utiliser une preuve libre : il doit impérativement utiliser une preuve légale si l'évaluation est au-delà de 1 500 €, même s'il réclame moins. De même, lorsque le montant n'est pas évaluable, il faut toujours utiliser une preuve écrite. Enfin, lorsqu'il s'agit de prouver contre un écrit, il faut toujours utiliser une preuve écrite, même si le montant en jeu est inférieur à 1 500 €.

B. La notion d'acte juridique

L'application de ces règles pose une première difficulté : qu'est-ce qu'un **acte juridique** ? C'est un comportement volontaire dont le but est de produire des conséquences juridiques, c'est-à-dire de créer des droits et des obligations.

Un premier élément ne pose pas de difficulté : l'origine de l'acte est une manifestation de volonté d'un individu. Un acte juridique ne naît pas d'un accident, mais a été volontairement décidé et recherché par quelqu'un. Dans l'exemple du contrat, cette volonté sera concrétisée par la rencontre des consentements des parties qui s'engagent par le contrat. L'acte juridique est alors multilatéral car il suppose plusieurs volontés. Il peut aussi être unilatéral : la volonté d'un seul suffit à le créer. C'est, par exemple, un testament ou une reconnaissance d'enfant.

Le second élément est le critère qui permet de déterminer réellement ce qu'est un acte juridique et ce qu'est un fait juridique : **le but de l'acte est de produire des conséquences juridiques**. Il est en effet facile de confondre l'acte juridique avec un fait juridique, puisque dans les deux cas le comportement qui en est l'origine peut être volontaire. Un contrat de vente (acte juridique) est un engagement volontaire. Un vol dans une maison (fait juridique) est un comportement volontaire. Par contre, dans le cas du contrat de vente, l'objectif du contrat est de créer des droits et des obligations. Le but du vendeur est de se créer un droit (se faire payer) et une dette (transférer la propriété du bien vendu) envers l'acheteur. Le but de l'acheteur est de se créer une dette (payer le bien) et un droit (avoir la propriété du bien) envers le vendeur. Au contraire, dans le cas du vol, l'objectif du voleur est de subtiliser le bien, ce qui est un fait matériel, mais il n'est pas de rechercher des conséquences juridiques (une condamnation pénale à une amende et/ou de la prison et une condamnation civile à indemniser la personne volée).

Ainsi, l'acte juridique est le comportement volontaire qui a pour objectif de créer des droits subjectifs. Il doit être prouvé par écrit dès que l'intérêt en jeu dépasse 1 500 €, à moins que certaines exceptions ne permettent la preuve libre.

2. Cas d'utilisation de la preuve libre

A. Principe

On parle de preuve libre lorsque les parties peuvent amener le moyen de preuve qu'elles souhaitent. S'il s'agit d'une preuve littérale, le juge est obligé d'en tenir compte, sinon il est libre de l'accepter ou de le rejeter. Preuve libre ne signifie donc pas qu'il est impossible d'utiliser une preuve légale mais plutôt qu'on peut la compléter ou la remplacer par toute autre preuve.

Le mécanisme de la liberté de la preuve s'utilise pour :

- Les **faits juridiques**, par opposition aux actes juridiques
- Le droit pénal
- Le droit administratif
- Les actes juridiques dès lors que l'intérêt en jeu est inférieur ou égal à 1 500 €, en application de la règle étudiée dans le paragraphe précédent.

B. La notion de fait juridique

Pour appliquer ces règles, il faut continuer à préciser ce qu'est un **fait juridique** : ce sera tout comportement ou événement, volontaire ou pas, qui n'a pas pour objectif de créer des droits ou des obligations mais qui, par l'effet de la loi, a néanmoins des conséquences juridiques.

Ainsi, peu importe que le fait juridique résulte d'une volonté ou pas. Le vol, les coups et blessures volontaires... sont voulues par leur auteur. Un accident sera involontaire. Les deux sont des faits juridiques. Avoir un enfant peut être désiré ou pas. C'est, quel que soit le cas, un fait juridique.

Le critère important est que la loi crée obligatoirement des conséquences juridiques à ce comportement, alors qu'elles n'ont pas été nécessairement recherchées par la personne. Le voleur et l'agresseur sont pénalement poursuivis. L'auteur de l'accident peut être débiteur d'une obligation d'indemniser la victime. Les parents de l'enfant sont titulaires de l'autorité parentale, doivent pourvoir à son entretien et son éducation... Ces conséquences juridiques sont obligatoires même si elles n'ont pas été voulues par leur auteur, qu'il a tout fait pour les éviter et qu'il les refuse.

3. Les exceptions à ces principes

La preuve légale est donc imposée pour tous les actes juridiques dès que l'intérêt en jeu dépasse 1 500 €. Il y a des cas où la preuve libre peut néanmoins être acceptée par exception à cette règle.

A. Liberté de la preuve en matière commerciale

La définition juridique du commerçant dépasse le cadre de cet ouvrage. Elle est à la fois plus large et plus précise que celui qui achète pour revendre. Elle concerne les professionnels, individus ou sociétés, qui exercent certaines activités (négoce, industrie, transport, banque...) ainsi que certaines sociétés à forme particulière (SA, SARL) quelle que soit leur activité.

L'article L 110-3 du Code de commerce indique qu'« à l'égard des commerçants, les actes de commerce peuvent se prouver par tous moyens à moins qu'il n'en soit autrement disposé par la loi. »

Il s'agit d'une exception générale à l'article 1359 du Code civil : les commerçants peuvent utiliser n'importe quel type de preuve pour prouver les actes juridiques effectués pour les besoins de leur commerce (actes de commerce). Cela est justifié par la nécessité de rapidité et d'efficacité qui caractérise le droit commercial. Il serait bien trop lourd d'imposer à un industriel qui demande à un transporteur de venir effectuer un chargement de marchandise à son usine de rédiger un acte sous signature privée, en deux exemplaires avec chacun la signature originale de l'expéditeur et du transporteur. Un courriel, un témoignage attestant d'une conversation téléphonique sont admis comme moyens de preuve.

Une difficulté d'application de ce texte se présente devant un **acte mixte**, c'est-à-dire un acte juridique qui implique à la fois un commerçant et un non-commerçant, simple particulier.

- Le commerçant qui veut prouver contre le particulier doit utiliser les règles du Code civil : preuve légale s'il s'agit d'un acte et si l'enjeu dépasse 1 500 €.
- Le particulier peut utiliser la preuve légale ou la preuve libre contre le commerçant, quel que soit le montant de l'enjeu.

B. Adoucissement du régime des preuves légales en matière civile

- **Impossibilité de se procurer un écrit** (art. 1360 code civil) :

  Ce texte dispense de la preuve écrite, même s'il s'agit d'un acte et que l'enjeu du litige dépasse 1 500 €, dans trois types de cas : lorsqu'il a été impossible de créer l'écrit, soit matériellement soit moralement (relations de famille, usages professionnels), lorsque la preuve écrite a existé mais a disparu (perdue dans un cas de force majeure ou remplacée par un support durable empêchant toute falsification, tels certains microfilms) et enfin lorsqu'il est d'usage de ne pas établir d'écrit.

- **Existence d'un commencement de preuve par écrit** (art. 1361 et 1362 code civil) :

  Il s'agit d'un écrit (un courrier postal simple, un brouillon, des notes, un acte sous signature privée auquel il manquerait une signature ou une mention obligatoire...). Il doit remplir certaines conditions pour pouvoir remplacer la preuve légale manquante :

  - Il doit être rédigé par celui contre qui on souhaite prouver. Ainsi la facture émise par un commerçant ne prouve pas sa créance. La jurisprudence admet une interprétation large de cette qualité de rédacteur.
  - Il doit rendre vraisemblable ce que l'on cherche à prouver, autrement dit il doit laisser présumer très fortement ce qu'il faut prouver. Un bon de commande signé uniquement par l'acheteur permet de présumer sa volonté de passer le contrat, même si ce n'est pas un acte sous signature privée en raison de l'absence de signature du vendeur et/ou de l'absence de mention manuscrite par l'acheteur du prix de vente, en lettres et chiffres.
  - Le commencement de preuve par écrit seul ne suffit pas à remplacer la preuve légale. Il doit être corroboré par un autre moyen de preuve, différent de l'écrit présenté comme commencement de preuve.

Le Code civil prévoit que sont équivalentes à un commencement de preuve par écrit les déclarations faites par une partie, son refus de répondre ou son absence lors d'une comparution.

La jurisprudence n'hésite pas, parfois, à admettre largement la notion d'écrit. On pourrait alors accepter comme commencement de preuve par écrit : une photocopie, un chèque endossé, un enregistrement audio, un courriel...

Si une partie peut produire un commencement de preuve par écrit, elle est dispensée de preuve légale et le juge peut, par présomption judiciaire, déduire du commencement de preuve par écrit les faits allégués.

EXERCICE

Dans chacune des situations suivantes, indiquez s'il s'agit d'un acte ou d'un fait juridique.

1. M. et Mme O'Connor sont très fiers d'annoncer la naissance leur fille Marion, ardemment désirée.

2. Mme O'Connor apprend qu'elle est enceinte, alors que cette grossesse est imprévue.

3. M. Matisse commande de la peinture chez un grossiste en matériaux afin de repeindre son garage.

4. M. Tapedur, très énervé parce que son fils a eu une mauvaise note en droit, attend le professeur de ce dernier à la sortie de l'IUT et l'agresse.

5. M. Tapedur, qui n'a décidément pas de chance, glisse avec sa moto sur une plaque de gasoil. Il va défoncer la vitrine de la Boucherie Sanzo qui se trouvait à côté.

6. M. Tapedur décide d'aller faire son testament et se rend chez le notaire.

SOLUTIONS

1. Il s'agit d'un fait juridique. En effet, même si Marion était une enfant voulue et attendue, elle n'a pas été conçue dans le but de faire peser des obligations et de créer des droits pour ses parents.

2. La solution est la même que précédemment: cette grossesse non désirée est un fait juridique. Dans un fait juridique, peu importe si le comportement (ici la procréation) est volontaire ou non. Il importe, par contre, que les conséquences juridiques, les droits et obligations créés, n'aient pas été volontairement cherchées, ce qui est le cas dans cette situation comme dans la précédente.

3. Il s'agit d'un fait juridique (un contrat). L'obligation de livrer la peinture a été voulue par le grossiste et l'obligation de payer la commande a été voulue par M. Matisse. Cet accord de volonté a pour objectif de créer des droits et des obligations.

4. Il s'agit d'un fait juridique: peu importe que M. Tapedur ait volontairement ou non blessé l'enseignant. Il ne l'a pas agressé pour être débiteur d'une obligation d'indemniser ou pour le plaisir de recevoir une condamnation pénale. Les conséquences juridiques de ce comportement volontaire sont involontaires.

5. Il s'agit, encore, d'un fait juridique: le dommage subi par la boucherie a été causé involontairement par M. Tapedur, ses conséquences juridiques

(obligation d'indemniser les dégâts) n'ont pas été volontairement recherchées.

6. Il s'agit d'un acte juridique. Faire un testament est un comportement volontaire, dont l'objectif est de créer des conséquences juridiques. Les droits et obligations qui découlent du testament sont son objectif même et sont ce qui est recherché en l'établissant.

CAS PRATIQUE

Dans chacune des situations ci-après, indiquez ce qui doit être prouvé, sur qui pèse la charge de la preuve, quelle preuve est nécessaire et s'il vous semble qu'elle existe.

Anatole Rabiné est très content : il vient de retrouver Léon Soulet, un vieil ami qu'il n'avait pas revu depuis longtemps. Ces retrouvailles ont été l'occasion pour Anatole d'admirer la voiture de Léon. Il a décidé de la lui acheter et ils sont tombés d'accord sur le prix de 8 000 € et sur une date de livraison. Léon s'engage à remplacer les pneus par des neufs. La transaction s'est déroulée oralement, en présence du cafetier chez qui ils étaient attablés. Anatole a laissé à Léon un chèque d'acompte d'un montant de 800 €.

Situation 1 : lorsqu'Anatole prend possession de la voiture, il se rend compte que les pneus n'ont pas été changés. Il semble alors que Léon soit devenu amnésique car il ne se souvient plus de cette promesse.

Situation 2 : lorsqu'Anatole prend possession de la voiture, Léon lui réclame 8 000 € au lieu de 7 200 €. Le chèque d'acompte a pourtant été encaissé, mais Léon prétend que c'est le solde d'une vieille dette et qu'il n'a rien à voir avec la vente de la voiture.

De retour chez lui, Anatole se rend compte qu'il aura du mal à trouver les 7 200 € manquant. Fort heureusement, son frère accepte de les lui prêter sans intérêt, remboursable en deux fois. Ils font un écrit : Anatole mentionne sur une feuille de papier manuscrite qu'il reconnaît devoir 7 200 € à son frère. Il la signe et la lui remet. Quelques semaines plus tard, Anatole reçoit pour son anniversaire une carte de son frère dans laquelle ce dernier a inséré un mot de sa main lui disant « n'oublie pas les 9 000 € que tu devras me rembourser à Noël ».

Situation 3 : lors du remboursement, Anatole rend 7 200 € à son frère. Celui-ci lui réclame alors 1 800 € d'intérêts, qu'Anatole refuse de payer.

SOLUTIONS

Situation 1 : il faut prouver que Léon s'était engagé à mettre des pneus neufs sur la voiture avant de la livrer à Anatole. C'est Anatole qui prétend être créancier de cette obligation qui pèse sur Léon. La charge de la preuve pèse sur celui qui réclame l'exécution d'une obligation. C'est donc à Anatole de prouver le contrat de vente de voiture et son contenu (l'obligation de changer les pneus). Léon aura un rôle passif tant que cette preuve n'est pas rapportée par Anatole.

Il s'agit d'un contrat de vente entre particuliers, c'est-à-dire d'un acte juridique. Le type de preuve admissible est décidé par l'article 1359 du Code civil : il faut une preuve littérale (acte authentique ou acte sous signature privée) sauf si l'enjeu du litige est inférieur à 1500 €, dans ce dernier cas une preuve libre est admise. L'enjeu du litige n'est pas la valeur de la voiture (8000 €) mais la valeur des pneus neufs à monter sur la voiture. Faute d'informations dans l'énoncé, on va supposer que cette valeur est inférieure à 1500 €. Anatole peut donc utiliser n'importe quel moyen de preuve. Ce peut être le témoignage du cafetier qui a pu entendre leur conversation. Le juge est alors libre d'accepter ou non cette preuve.

Situation 2 : il s'agit de prouver le paiement de l'acompte. C'est Anatole qui est débiteur de l'obligation de payer. L'article 1353 du Code civil indique que celui qui se prétend libéré doit justifier du paiement. La charge de la preuve du paiement d'un acompte pèse donc sur Anatole.

Pour les mêmes raisons que dans la situation précédente, le type de preuve admissible sera une preuve libre : acte juridique entre particuliers, avec un enjeu du litige inférieur à 1500 € (le conflit ne porte que sur 800 € d'acompte). Anatole peut utiliser une présomption judiciaire : un chèque portant exactement sur la somme litigieuse a été encaissé par Léon au moment de la transaction. Le juge est libre d'accepter ou pas cette présomption. Si Léon souhaite se défendre en indiquant que la somme concerne une dette ancienne, c'est à lui de prouver l'existence et la réalité de cette dette (celui qui réclame l'exécution d'une obligation doit la prouver).

Il y a donc de bonnes chances pour qu'Anatole arrive à prouver l'existence et le paiement de l'acompte. Léon n'arrivera pas à prouver que le chèque n'a aucun rapport avec la vente de voiture.

Situation 3 : il s'agit de prouver l'existence de l'obligation de payer 1800 € d'intérêts sur le contrat de prêt. Cela suppose de prouver l'existence du contrat et son contenu (les intérêts). C'est le frère qui réclame l'exécution d'une obligation : c'est sur lui que pèse la charge de la preuve de l'existence de ces intérêts. La preuve nécessaire est une preuve littérale : soit un acte authentique, soit un acte sous signature privée. Il s'agit en effet d'un acte juridique entre particuliers, avec un enjeu du litige (1800 € d'intérêts) supérieur à 1500 €.

Le frère ne dispose que d'un seul élément: la reconnaissance de dette signée par Anatole. Ce document n'est pas une preuve légale. Il n'est pas un acte authentique car il n'est pas établi par un officier public. Il n'est pas un acte sous signature privée car il n'est pas en deux exemplaires, avec la signature originale à la fois d'Anatole et de son frère sur chaque exemplaire. Il y manque aussi la mention manuscrite des sommes de la main d'Anatole et la mention du nombre d'exemplaires. Le frère ne peut donc pas prouver sa prétention. D'autant plus que ce document ne mentionne pas d'intérêts. Même s'il pourrait être considéré comme un commencement de preuve par écrit, il ne permet pas de présumer l'existence des intérêts.

La carte postale ne peut pas être analysée comme un commencement de preuve par écrit. Même si elle indique le frère attend 1800 € d'intérêts, elle n'émane pas de celui contre qui on doit prouver. Pour être admise comme commencement de preuve par écrit, et donc dispenser le frère d'une preuve légale, il faudrait qu'elle soit écrite par Anatole.

RÉVISION - FICHES 16 À 18 - QCM

	VRAI	FAUX
1. Une procédure inquisitoire est une procédure dans laquelle le juge a un rôle actif pour chercher les preuves	☐	☐
2. La procédure pénale est accusatoire car c'est le ministère public qui dirige l'accusation	☐	☐
3. La charge de la preuve pèse toujours sur le demandeur	☐	☐
4. Une présomption est un mécanisme destiné à dispenser une partie de prouver ce qu'elle avance	☐	☐
5. Ce qui est prouvé par présomption légale ne peut jamais être contesté par l'adversaire	☐	☐
6. Une preuve littérale (écrite) est toujours un écrit	☐	☐
7. Une preuve littérale (écrite) est n'importe quel écrit	☐	☐
8. Un acte sous signature privée est un écrit fait sans l'intervention d'un notaire mais qui doit respecter certaines conditions de forme	☐	☐
9. L'aveu est une preuve parfaite	☐	☐
10. Une preuve imparfaite est une preuve que le juge peut accepter mais qu'il peut aussi refuser	☐	☐
11. Un fait juridique est toujours un comportement involontaire	☐	☐
12. Un acte juridique est toujours un comportement volontaire	☐	☐
13. Un acte juridique entre particuliers doit toujours être prouvé par une preuve parfaite	☐	☐
14. Le commencement de preuve par écrit peut avoir comme origine la personne contre qui on doit prouver	☐	☐
15. L'achat d'une voiture neuve à un concessionnaire peut être prouvé par une preuve libre	☐	☐
16. Un contrat de prêt est un fait juridique	☐	☐
17. Un contrat de prêt entre particuliers d'un montant de 10 000 € ne peut être prouvé que par une preuve parfaite	☐	☐

Solutions

1 V; 2 F; 3 F (elle peut peser sur le défendeur : il doit prouver ses arguments en défense) ; 4 V ; 5 F (cas des présomptions simples) ; 6 F (cas des écrits électroniques) ; 7 F; 8 V; 9 F (ce n'est vrai que de l'aveu judiciaire) ; 10 V; 11 F; 12 V; 13 F; 14 F; 15 V (contre un commerçant) ; 16 F; 17 V en théorie, F en réalité car possibilité d'amener un commencement de preuve par écrit (reconnaissance de dette)

Fiche 19
La personnalité juridique

- **Objectif :** Savoir ce qu'est la personnalité juridique
- **Prérequis :** Aucun
- **Mots-clefs :** Personne physique ; absence ; disparition ; personne morale

La personnalité juridique est la capacité qu'a un individu ou un groupement d'individus à posséder des droits et des obligations et à les exercer.

1. Notion de personnalité juridique

La personnalité juridique est le fait pour un individu d'être un sujet de droit, c'est-à-dire d'avoir une existence juridique, de posséder des droits et des obligations... Cela semble évident à première vue : tout individu a la personnalité juridique et il est impensable qu'il en soit privé. La conséquence serait en effet l'inexistence juridique de cette personne : elle ne pourrait posséder aucun bien car il lui serait interdit d'être titulaire de droits de propriété, elle ne pourrait pas posséder de compte en banque, ni effectuer un acte aussi banal que l'achat de sa nourriture dans un magasin.

Même si ces exemples nous semblent impensables aujourd'hui, il a existé la notion de mort civile qui consistait à priver une personne de sa personnalité juridique, c'est-à-dire du droit à être un sujet de droit. L'individu était vivant, mais en complément à une peine de travaux forcé à perpétuité ou de déportation, il était juridiquement considéré comme mort : son mariage éventuel était dissous, sa succession ouverte et ses biens transmis à ses héritiers. Cette sanction, particulièrement infamante et qui avait des conséquences autant sur la personne condamnée que sur ses proches, a été abolie par une loi du 31 mai 1854.

2. La personnalité juridique des personnes physiques

Une personne physique est tout être humain. Le principe est simple : une personne physique possède la personnalité juridique de sa naissance à sa mort. Ce n'est que par exception, dans des cas strictement délimités, que cette personnalité juridique peut être atténuée, sans toutefois qu'elle puisse disparaître entièrement.

A. Le début de la personnalité juridique

La personnalité juridique débute à l'instant même de la naissance, sans aucune formalité particulière (elle est indépendante de la déclaration de la naissance à l'état civil). Elle est une caractéristique juridique intrinsèque de l'être humain. La seule condition posée dans le Code civil est que l'enfant soit né vivant et viable, c'est-à-dire doté de tous les organes suffisamment formés pour qu'il puisse continuer à vivre.

Par contre, la jurisprudence considère que l'embryon et le fœtus ne sont pas des sujets de droit, même s'ils ont statut particulier. Avec une exception à ce refus de la personnalité juridique au fœtus : le Code civil indique qu'un enfant simplement conçu peut être considéré comme né dès lors que cela est dans son intérêt. La conception est présumée avoir eu lieu entre les 300e et 180e jours avant la naissance en retenant le jour le plus favorable à l'enfant. Ces dispositions peuvent avoir de grandes conséquences pratiques, notamment en cas d'héritage. Elles permettent ainsi à un fœtus d'hériter de son père si ce dernier décède avant sa naissance, puisque le fœtus aura la personnalité juridique, à condition qu'ensuite l'enfant naisse vivant et viable.

B. La fin de la personnalité juridique

La personnalité juridique prend fin à la mort de l'individu. C'est un certificat médical qui constate le décès. C'est donc à la science de se prononcer sur ce qu'est la mort, ce qui pose parfois des difficultés : une personne en état de mort cérébrale mais dont les fonctions circulatoires et respiratoires continuent est-elle morte juridiquement ? Qu'en est-il du coma ? On peut considérer comme décédée la personne en état de mort cérébrale, dont les fonctions circulatoires et respiratoires sont arrêtées de façon persistante et dont le retour à la vie est rendu impossible en raison de lésions irréversibles du système nerveux et cérébral.

Une autre difficulté juridique de la fin de la personnalité juridique est celle qui se pose en l'absence de cadavre, car il est alors impossible de constater médicalement le décès et de fournir le certificat ad hoc. Le droit propose deux mécanismes pour pallier cette incertitude :

- **L'absence** (art. 112 du Code civil) : c'est un régime juridique qui s'applique lorsque l'on n'a pas de nouvelle d'une personne mais qu'aucun élément particulier ne permet de supposer qu'elle est décédée. Elle a disparu, mais on n'a aucune idée des causes de cette disparition et on ne peut pas supposer avec certitude qu'elle est décédée. Pendant une première période, de dix ans après sa disparition, elle est considérée comme vivante par un jugement de présomption d'absence. Ensuite, l'absence peut être déclarée par le tribunal de grande instance et sera considérée comme un décès.
- **La disparition** (art. 88 du Code civil) : c'est un régime juridique qui s'applique lorsque le corps n'a pas été retrouvé mais qu'il a disparu dans des circonstances qui laissent présumer avec une très grande probabilité le décès. Ce sera, par exemple, le cas d'une personne disparue dans un accident d'avion et dont le corps n'a jamais été retrouvé. Dans ce cas, la disparition peut être demandée immédiatement, sans la période de dix ans qui existe dans l'absence, et la personne sera immédiatement considérée comme décédée.

3. La personnalité juridique des personnes morales

A. Notion de personne morale

Les personnes physiques ne sont pas les seules à posséder la personnalité juridique. Catégorie particulière de personnes, les personnes morales n'ont pas d'existence tangible mais sont des abstractions permettant de conférer des droits et/ou des obligations à des groupements de personnes. Naturellement sujets de droit, les personnes physiques peuvent se regrouper dans des structures très variées : un groupe d'amis qui organise un repas, un ingénieur et un financier qui lancent un nouveau produit, un ensemble de musiciens en orchestre, un groupe de personnes partageant le même sport...

La question est de savoir si le droit reconnaît une existence juridique autonome à ces groupes de personnes, indépendamment de la personnalité juridique des membres personnes physiques. La question n'est pas que théorique : si seules les personnes physiques peuvent avoir la personnalité juridique, l'association de pêcheurs à la ligne ne pourra pas posséder de compte en banque spécifique et ses dépenses devront être financées par le chéquier personnel d'un de ses membres, à charge pour lui de se faire rembourser la quote-part de chacun des autres membres. Au contraire, si cette même association de pêcheurs à la ligne possède la personnalité juridique, elle pourra avoir son propre compte en banque, collecter les cotisations et recevoir des subventions, émettre des chèques... en son propre nom. Elle pourra posséder, en tant qu'association, des droits et des obligations qui lui sont propres et qui seront distincts des droits et des obligations de ses membres.

Les membres d'une personne morale peuvent aussi bien être des personnes physiques que des personnes morales. Les adhérents d'une association sportive sont essentiellement des personnes physiques. Un GIE (groupement d'intérêts économique, forme particulière de société) n'a comme membre que des sociétés, qui sont elles-mêmes des personnes morales. Une société commerciale peut avoir comme associés dans son capital aussi bien des personnes physiques que d'autres sociétés.

Les personnes morales sont très diverses. Elles peuvent être sans but lucratif (les associations) ou au contraire avoir la recherche d'un bénéfice ou d'une économie comme objectif principal (les sociétés, forme courante d'organisation des entreprises). Elles peuvent être privées, ce qui est le plus fréquent, mais elles peuvent être dans certains cas soumises au droit public, comme, par exemple, un ordre professionnel tel que celui des médecins ou un établissement public à caractère scientifique.

B. Naissance de la personne morale

La seule existence d'un groupement suffit-elle à lui donner la personnalité morale, tout comme la naissance a pour conséquence automatique la personnalité juridique de la personne physique ? La question a été largement débattue :

- Pour les partisans de la **théorie de la fiction** de la personne morale, seule la loi peut reconnaître l'existence d'une personne morale mais elle peut aussi la lui refuser. La personne morale n'existe que dans un but bien précis, que la loi admet en lui reconnaissant la personnalité juridique, mais qu'elle peut aussi refuser. La personne morale n'est qu'une fiction, une technique juridique. Dans ce cas, la personnalité juridique n'est reconnue aux groupements que si un texte exprès le prévoit.
- Pour les partisans de la **théorie de la réalité** de la personne morale, celle-ci est au contraire une réalité sociale, que le droit ne peut qu'accepter et qu'il doit automatiquement reconnaître en lui conférant la personnalité juridique. Dans ce cas, la personnalité juridique ne peut pas être refusée aux groupements et ils l'acquièrent de par leur simple existence.

Si l'on s'en tient aux arrêts de principe dégagés par la Cour de cassation, il semblerait que la jurisprudence consacre la théorie de la réalité en reconnaissant automatiquement la personnalité juridique aux groupements constitués. Ce principe jurisprudentiel est régulièrement contredit par la loi, qui semble refuser la personnalité juridique de principe aux groupements. En effet, de nombreuses lois accordent, ou au contraire refusent, la personnalité morale à des groupements spécifiques. Il est alors difficile de parler de principe de réalité tant les exceptions sont nombreuses.

Un trait commun pour la reconnaissance de la personnalité morale à un groupement est l'obligation qui lui est faite de procéder à **des formalités de publicité** avant de pouvoir acquérir la personnalité juridique. Ces formalités sont plus ou moins complexes mais sont toujours une condition préalable à la reconnaissance de la personnalité : il est nécessaire d'informer les tiers de la création de cette nouvelle personne.

C. Fin de la personne morale

La personnalité juridique de la personne morale disparaît à sa dissolution. Elle peut être prévue dès sa création, la personne morale étant alors créée pour une durée finie (une société d'une durée de 99 ans par exemple). Elle peut résulter d'une décision volontaire des membres de la personne morale : vote de l'assemblée générale prononçant la dissolution. Elle peut aussi être forcée. Ce peut être une sanction, véritable peine de mort appliquée à la personne morale. Ainsi, une loi du 10 janvier 1936 autorise le gouvernement à dissoudre par décret les groupements qui porteraient atteinte à l'intégrité du territoire ou attenterait par la force à la forme républicaine du gouvernement. Ce peut aussi être la conséquence d'un mauvais fonctionnement de la personne morale : la liquidation judiciaire constate l'incapacité d'une société à éponger ses dettes et à dégager un bénéfice.

QUESTION DE COURS

Un groupement d'individus peut-il avoir la personnalité juridique ?

SOLUTION

Un groupement d'individus s'oppose à une personne physique, être humain dont la personnalité juridique n'est pas contestée. La question est plus délicate quand il s'agit de savoir si un groupement, qui n'a pas d'existence tangible, peut se voir reconnaître la personnalité juridique. Dans ce cas, on parlera de personnalité morale pour qualifier ces sujets de droit immatériels.

Pour la doctrine, c'est-à-dire les théoriciens du droit, deux conceptions s'opposent. Les tenants de la théorie de la réalité des personnes morales disent qu'un groupement d'individus, dès lors qu'il est constitué et a une activité réelle, doit se voir reconnaître la personnalité morale et devient alors un sujet de droit. La personnalité morale est alors acquise automatiquement, comme pour les personnes physiques. Au contraire, les partisans de la théorie de la fiction des personnes morales répondent qu'une personne morale ne peut exister que dans des cas bien précis, fixés par la loi et sur autorisation de cette dernière.

La jurisprudence et la loi hésitent entre ces deux approches. La Cour de cassation semble favoriser la théorie de la réalité des personnes morales quand elle indique que la personnalité civile n'est pas une création de la loi (arrêt du 28 janvier 1954). Cette approche extensive est cependant à nuancer car de nombreux textes fixent des conditions restrictives pour reconnaître la personnalité morale aux groupements d'individus. Il ne s'agit pas de les soumettre à un régime d'autorisation préalable ou à n'en autoriser que certaines catégories, mais surtout à imposer des formalités à leur création afin d'en assurer la plus grande publicité possible et protéger ainsi les tiers. C'est le cas, par exemple des associations à but non lucratif régies par une loi de 1901 : leur personnalité juridique n'est acquise qu'après une déclaration auprès de la préfecture et la publication de leur création au journal officiel. De même, la création d'une société commerciale est soumise à de nombreuses formalités (publication du bulletin des annonces civiles et commerciales, immatriculation au registre du commerce et des sociétés...). Ce n'est qu'à la réception d'un document attestant de cette inscription au registre du commerce et des sociétés (le « Kbis ») que la société acquiert la personnalité morale.

Fiche 20
Attributs de la personnalité juridique

- **Objectif :** Savoir quels sont les attributs attachés à la personnalité : ce qui caractérise la personne
- **Prérequis :** Fiche 19
- **Mots-clefs:** Nom ; prénom ; dénomination sociale ; domicile ; siège social ; état-civil

Il faut caractériser un sujet de droit, c'est-à-dire l'identifier en utilisant certains attributs : le nom et le domicile.

1. Le nom, le prénom, le surnom

On désigne une personne physique par son nom de famille et ses prénoms, éventuellement par des surnoms et pseudonymes.

A. Le nom de famille

Les règles d'attribution du nom de famille ont été profondément modifiées par une loi du 4 mars 2002, inscrite dans les articles 311-21 et suivant du Code civil. Alors qu'historiquement, l'enfant prenait le nom de famille de son père (on parlait de nom patronymique), il est maintenant possible de lui transmettre celui de n'importe lequel de ses parents. Le choix n'est pourtant pas totalement libre :

- Si la filiation de l'enfant est établie à l'égard de ses deux parents au plus tard le jour de sa naissance : les parents choisissent par une déclaration conjointe devant l'officier d'état civil, parmi le nom de la mère, le nom du père ou bien le nom du père accolé à celui de la mère, dans l'ordre qu'ils souhaitent. À défaut de choix, l'enfant prend le nom de celui de ses parents à l'égard duquel la filiation est établie en premier et le nom de son père si la filiation est établie simultanément. En cas de désaccord, il prend le nom des deux parents accolés par ordre alphabétique.

  - Si les parents portent eux-mêmes un double nom de famille et qu'ils décident de transmettre le nom du père et celui de la mère, ils ne pourront transmettre chacun qu'un seul élément de leur double nom, librement choisi.
  - Si les parents portent un double nom de famille, ils peuvent ne transmettre qu'un seul nom à leurs enfants.

- Si la filiation n'est pas établie simultanément à l'égard des deux parents, il faut tenir compte du moment où la filiation sera établie :
  - Si elle est établie à l'égard des deux parents au plus tard au moment de la déclaration de l'enfant à l'état-civil, ils peuvent choisir le nom par déclaration conjointe comme pour un enfant légitime.
  - Si elle est établie après la déclaration à l'état-civil et pour les deux parents ensembles, ils peuvent changer le nom de l'enfant pour celui qu'ils choisissent par une déclaration conjointe.
  - Si elle n'est pas établie simultanément pour les deux parents mais successivement, l'enfant prend le nom du parent dont la filiation a été établie en premier. Il est cependant possible de changer ensuite ce nom, par déclaration conjointe, en lui accolant celui du parent dont la filiation a été établie en dernier. Le consentement de l'enfant est nécessaire s'il a plus de treize ans.

Dans tous les cas, le nom choisi pour le premier enfant sera identique pour tous les autres enfants nés des mêmes parents.

Les règles précédentes s'appliquent aux personnes physiques. Les personnes morales ont aussi un nom. Ainsi, on parlera de **dénomination sociale** ou **raison sociale** pour identifier une société. On parlera de **titre** pour identifier une association. Le nom de la personne morale est choisi librement par ses membres et est indiqué par ses statuts. La liberté de ce choix est tempérée par le respect des règles commerciales et de la propriété intellectuelle (interdiction de prendre un nom ou une marque déjà utilisée par un concurrent par exemple).

B. La protection du nom

Le nom est un élément important de la personnalité juridique. Il est une des caractéristiques principales de l'état-civil. L'état-civil est le mécanisme qui permet à l'État d'identifier les individus, de garder trace de leur existence et de mémoriser les différents statuts juridiques qui s'appliquent à ces personnes. À côté du nom et des prénoms, on retrouvera ainsi à l'état-civil mention du lieu de la naissance, de sa date, du sexe, des mariages et divorces éventuels, de la filiation (qui sont les parents), du lieu et de la date de décès...

C'est pour cela que le nom est protégé par plusieurs caractères : il n'est, en principe, pas possible d'en changer (immutabilité), il n'est, en principe, pas susceptible de faire l'objet de contrat (indisponibilité) et il est imprescriptible (il ne se perd pas avec le temps ou le non-usage).

Le changement de nom est possible. Mais c'est une procédure que les pouvoirs publics souhaitent rare et qui est assez complexe puisque normalement, le nom porté à l'état-civil est celui que l'individu devra utiliser toute sa vie. Le Code pénal, dans son article 433-19, punit de six mois d'emprisonnement maximum et 7 500 € d'amende maximum, le fait de prendre un autre nom que celui de l'état-civil.

Il est cependant possible de changer de nom dans certaines hypothèses précises :

- Dans le cas d'une modification du lien de filiation, ou d'établissement d'une filiation jusqu'alors inconnue.
- Dans le cas d'une naturalisation, en prenant un nom à consonance française.
- Dans le cas où le nom d'un ascendant ou d'un collatéral est menacé d'extinction. Cette procédure particulière s'appelle le « relèvement de nom ».
- Dans le cas d'un intérêt légitime au changement, ce qui peut être le cas si le nom est déshonorant ou ridicule.

On peut noter ici que la femme mariée ne change pas de nom lors de son mariage. Elle conserve toujours son nom, qui reste celui inscrit à l'état-civil depuis sa naissance. Elle peut cependant utiliser celui de son époux. Ce n'est qu'une simple faculté, nullement obligatoire, qui lui confère seulement l'usage du nom de son mari, sans qu'il devienne le sien.

C. Le prénom

Le prénom complète le nom de famille et permet d'individualiser les membres d'une fratrie. Le choix de ce prénom est, en principe, laissé à la totale liberté des parents. Aucune règle n'impose le choix d'un prénom de saint dans un calendrier ou d'un prénom reconnu historiquement.

Par contre, l'officier d'état-civil qui inscrit le prénom lors de la déclaration de l'enfant à l'état-civil peut estimer que le prénom choisi pourrait porter préjudice à l'enfant, par exemple par une consonance ridicule quand il est associé au nom de famille. Il doit quand même inscrire le prénom choisi par les parents. Il avise ensuite le procureur de la République qui peut alors saisir le juge à qui il reviendra le soin de décider si le prénom est recevable ou non en en décidant ou pas la suppression de l'état-civil.

Le changement de prénom est possible à condition que celui qui le souhaite justifie d'un intérêt légitime. Le contrôle de cet intérêt légitime est fait par le juge.

2. Le domicile

Le domicile ne se confond pas avec la résidence. Le second est une notion factuelle, qui indique le lieu ou habite effectivement l'individu. Le premier est une notion strictement juridique, qui sert à indiquer à quel endroit une personne pourra exercer ses droits et ses obligations. Les deux peuvent très fréquemment se confondre mais ce n'est pas systématique. L'ingénieur de travaux public qui construit un pont dans un pays étranger et dont le chantier durera 10 mois réside dans ce pays, mais son domicile, notamment fiscal, peut rester en France. L'étudiant peut résider dans un studio ou une chambre universitaire mais peut conserver son domicile (notamment pour déterminer le lieu où il peut voter) chez ses parents.

Le domicile est défini à l'article 102 du Code civil. C'est le lieu « où la personne a son principal établissement ». Il est choisi librement par l'intéressé, à condition que la personne ait des intérêts réels et tangibles dans lieu où elle souhaite élire son domicile : y résider effectivement, y payer ses impôts, y être inscrit sur les listes électorales...

Le domicile doit être **unique**. À un instant donné, une personne n'aura qu'un seul domicile. Il doit aussi être **fixe**, ce qui signifie que la personne ne peut en changer sur un simple coup de tête, en fonction d'intérêts variables et conjoncturels (un domicile aux îles Caïmans lorsqu'il s'agit de payer des impôts mais en France lorsqu'il s'agit de faire valoir ses droits à la retraite). Il est par contre possible de changer librement de domicile, à condition que la personne exprime à la foi la volonté de ce changement et qu'elle le matérialise par une situation de fait identique aux précédentes (résidence effective, impôts...). Cette notion d'unicité est cependant parfois atténuée avec le mécanisme **d'élection de domicile**, qui permet de choisir un domicile spécifique pour l'exercice de droit particulier. Mais ce ne sont que des exceptions prévues par la loi ou la jurisprudence.

Les règles précédentes s'appliquent aux personnes physiques. Les personnes morales ont aussi un domicile, qui est leur **siège social**. Il est normalement choisi par les statuts et il détermine, en principe la nationalité de la personne morale : elle a la nationalité du pays où se trouve son siège social.

La jurisprudence a élargi le principe d'unicité du domicile des personnes morales dans ce que l'on a appelé la théorie des « gares principales ». Elle s'applique aux personnes morales qui sont établies simultanément en une multitude de lieux, avec plusieurs établissements, ce qui est bien le cas de la SNCF avec de nombreuses gares importantes. Dans ce cas, la personne morale n'a pas qu'un seul domicile mais peut en avoir plusieurs, un dans chaque lieu où elle a un établissement important. L'avantage de cette règle est qu'elle permet, par exemple, à un demandeur d'attaquer en justice la personne morale devant le tribunal d'une ville proche de son propre lieu de résidence dès lors que cette personne morale y a un établissement, sans qu'il soit nécessaire d'intenter l'action devant la ville de son siège social, qui peut être fort éloignée.

CAS PRATIQUES

1. M. Bizet réside et travaille en Polynésie française, servitude Tepohue Toru dans la commune de Pirae. Il est venu passer quatre mois en métropole lors des dernières vacances de Noël et il a loué une voiture pour la durée de son séjour. Il a donné, sur le contrat de location, l'adresse de ses parents à Paris chez qui il a passé les quatre mois de congé. L'agence de location, située à Paris, a constaté des dégradations sur le véhicule, que M. Bizet refuse de rembourser. Elle cherche à attaquer en justice ce dernier. Indiquez-lui quel est le domicile de M. Bizet. Quelle est l'importance de cette notion de domicile pour l'agence de location ?

2. M. Chopin souhaite contester sa facture téléphonique. Il ne sait pas quel tribunal saisir : celui de sa ville, celui de Nanterre qui est celui du siège de l'opérateur de téléphonie, celui de la préfecture de son département, dans laquelle se trouve une succursale de l'opérateur de téléphonie. Conseillez-le.

3. M. Renault est marié avec Mme Houaddou. Ils attendent un enfant.

- Quel nom porte l'épouse ?
- Quel nom portera leur enfant ?
- Peuvent-ils prénommer leur enfant Mégane ?

SOLUTIONS

1. Il est important de distinguer le domicile de la résidence. Cette dernière est l'endroit où l'on habite. C'est une notion factuelle. La résidence de M. Bizet a été en Polynésie française pour huit mois de l'année, puis elle a été chez ses parents en métropole pendant quatre mois. Le domicile est, au contraire, une notion juridique définit à l'article 102 du Code civil : c'est le lieu du principal établissement de la personne. Il peut se confondre avec sa résidence effective, tout comme il peut en être différent. Dans le

cas de M. Bizet, son domicile sera à Pirae, en Polynésie française. C'est en effet l'endroit où il habite la plupart du temps mais aussi l'endroit où il travaille. L'article 104 du Code civil précise que la preuve de ce domicile peut être faite par l'intéressé, c'est-à-dire M. Bizet, en effectuant une déclaration à la mairie de Pirae quand il y a transféré son domicile.

L'agence de location n'a pas connaissance de ce document. Elle peut alors utiliser l'article 105 du Code civil : « à défaut de déclaration expresse, la preuve de l'intention dépendra des circonstances ».

L'enjeu de la détermination du domicile pour l'agence de location est de savoir quel tribunal sera territorialement compétent si elle doit attaquer M. Bizet pour se faire indemniser les dégradations subies par la voiture. C'est, en principe, le tribunal du domicile du défendeur (article 42 du code de procédure civile). Comme le défendeur est M. Bizet, l'agence de location doit l'assigner devant le tribunal de Papeete, ce qui ne lui est pas très pratique. On peut noter cependant que, s'agissant d'un contrat de prestation de services, le tribunal compétent peut être celui du lieu de la prestation de service si le demandeur le souhaite (article 46 du code de procédure civile). Il est alors plus favorable pour l'agence de location d'assigner M. Bizet devant une juridiction parisienne.

2. C'est l'opérateur de téléphonie qui est défendeur. Il faut alors que M. Chopin saisisse le tribunal du lieu du domicile de cet opérateur. L'opérateur de téléphonie est une personne morale. Son domicile est au lieu de son siège social, c'est-à-dire à Nanterre. Ce n'est pas pratique pour M. Chopin si sa ville est dans une province éloignée. Il peut alors utiliser la théorie dite « des gares principales » pour assigner l'opérateur de téléphonie devant le tribunal de la ville dans laquelle cette personne morale à un établissement principal. On peut considérer que c'est le cas de la préfecture du département dans lequel réside M. Bizet, ville dans laquelle l'opérateur possède une succursale.

3. L'épouse continue à s'appeler Mme Houaddou. Ce nom lui a été attribué par filiation à sa naissance et le mariage avec M. Renault ne le modifie pas. Elle peut par contre, à titre d'usage et sans que cela ne change en rien le nom qu'elle porte à l'état-civil, se servir du nom de son mari et se faire appeler Mme Renault.

Leur enfant, depuis la réforme de 2005, pourra s'appeler, au choix des parents fait par déclaration commune : Renault, Houaddou, Renault-Houaddou, Houaddou-Renault. Si les parents ne font pas de déclaration pour choisir un de ces noms, leur enfant prendra le nom du père.

Le choix du prénom est totalement libre. Les parents peuvent donc lui donner le prénom de Mégane. L'officier d'état-civil qui transcrit la naissance peut cependant saisir le procureur de la République qui peut demander au juge de refuser ce prénom s'il estime qu'il est contraire aux intérêts de l'enfant. Il a été jugé qu'appeler un enfant Mégane Renault n'est en rien péjoratif : « *même si, associé au nom patronymique, il évoque inévitablement un modèle de voiture, alors que cet inconvénient est appelé à disparaître et qu'un changement entraînerait pour l'enfant un trouble certain* » : Cour d'appel de Rennes, 4 mai 2000. Les juges considèrent que le fait de changer a posteriori le nom de l'enfant lui causerait plus de tort que de lui laisser un nom évoquant celui d'une voiture.

Fiche 21
Conséquences de la personnalité juridique

- **Objectif :** Savoir quelles sont les conséquences de la personnalité juridique
- **Prérequis :** Fiche 19
- **Mots-clefs :** Capacité, objet social, statuts, incapacités, représentation, patrimoine, gage général

1. La capacité

A. Capacité des personnes physiques

La conséquence de la personnalité juridique est d'avoir la **capacité juridique**, c'est-à-dire la possibilité d'avoir des droits et des obligations. La personnalité juridique est une aptitude générale. La capacité juridique en est la traduction concrète et dépend de nombreux éléments, notamment l'âge de la personne. Un enfant a une personnalité juridique totale et complète, comme tout être humain. Par contre, sa capacité est limitée en raison de son âge. Il en est de même pour un majeur dont les facultés de discernement sont altérées. Par principe, l'être humain dispose de la **personnalité juridique**. Normalement sa **capacité juridique** est pleine et entière mais elle peut être réduite en raison de cas d'incapacité.

Un autre exemple de ces nuances entre personnalité juridique et capacité juridique est donné par la responsabilité civile. Un incapable ne peut pas passer de contrat lui-même : sa capacité juridique est limitée. Mais ce même incapable dispose bien d'une personnalité juridique car sa responsabilité juridique délictuelle, c'est-à-dire l'obligation qu'il a de réparer les dommages qu'il cause, est totale. Le fait d'être mineur interdit de contracter soi-même mais n'empêche pas d'indemniser les conséquences accidentelles de son comportement.

B. Capacité des personnes morales

La question est similaire pour les personnes morales. D'une part, il a déjà été dit qu'un groupement ne disposait pas systématiquement de la personnalité juridique, contrairement aux personnes physiques. S'il a la personnalité morale, il a aussi la capacité juridique mais cette capacité n'est pas toujours totale. Elle est en effet très souvent limitée à l'objet de la personne morale.

L'objet est une notion importante dans la personne morale. Il s'agit de la finalité que poursuit la personne morale, de ce pourquoi elle est créée. C'est, concrètement, son activité : on parle ainsi d'objet social pour décrire le but et l'activité d'une société. Il est inscrit dans les **statuts** de la personne morale, c'est-à-dire dans le texte qui a été convenu entre ses membres fondateurs et qu'acceptent tous les nouveaux membres, qui définit les règles du jeu de la personne morale et en organise le fonctionnement.

Une personne morale ne peut donc agir que si son comportement est conforme à l'objet définit dans ses statuts. On dit alors que sa **capacité est limitée par son objet**. Par exemple, une association dont l'objet est de favoriser l'exercice de la pêche hauturière pourrait fort bien financer un voyage à certains de ses membres pour participer à un concours de pêche en Polynésie française. La même association ne pourrait pas décider d'utiliser sa trésorerie pour soutenir un parti politique car cet acte ne serait pas conforme à son objet social.

2. Les incapacités

La capacité d'une personne peut être réduite pour deux raisons :

- Pour **sanctionner** la personne. Ainsi l'article L7 du code électoral, avant d'être censuré par une décision du Conseil constitutionnel du 11 juin 2010 sur une question prioritaire de constitutionnalité, disposait qu'une personne était automatiquement désinscrite de la liste électorale dès qu'elle avait subi certaines condamnations pénales. La censure du Conseil constitutionnel a porté sur le fait que cette sanction était automatique et non soumise à l'appréciation d'un juge qui aurait pu la moduler, selon le principe d'individualisation des peines. Le principe en reste alors possible. Ce type d'incapacité ne peut être que partielle : elle ne touche que certains droits de la personne et n'est en aucun cas générale.

- Pour **protéger** l'individu contre lui-même. C'est ce type d'incapacité qui touche les mineurs, qui n'ont pas toujours conscience de leurs actes et à qui il faut parfois interdire d'agir par eux-mêmes. Il en sera de même pour les majeurs privés de discernement placés sous un régime de tutelle.

Il existe alors deux familles d'incapacités :

- **L'incapacité d'exercice** : elle est la plus légère car elle n'interdit pas d'user d'un droit ou de se créer une obligation, mais elle interdit de le faire soi-même. La personne visée par se type d'incapacité n'est pas totalement incapable. Il lui est par contre interdit d'user seule de ses droits. On utilise le **mécanisme de la représentation** : ce n'est pas la personne qui usera de ses droits mais son représentant. Destiné à protéger la personne elle-même, c'est le système le plus courant car il ne prive pas totalement du droit mais aménage simplement son exercice.

Ce sont ainsi les représentants légaux, en principe les parents, qui négocient et signent le contrat qui fait de leur enfant le personnage principal d'une publicité pour couches-culottes. Les parents tiennent le stylo et apposent leurs signatures, mais c'est l'enfant qui est engagé. Les revenus générés par ce contrat appartiennent en propre à l'enfant. Les parents agissent au nom de l'enfant : ils le représentent.

C'est le même type d'incapacité qui touche les majeurs privés de discernements : dans le mécanisme de la tutelle, le juge désigne un tuteur qui est le représentant du majeur protégé. C'est le tuteur qui décide et effectue les opérations juridiques au nom du majeur protégé.

- **L'incapacité de jouissance** : c'est la plus forte en ce sens qu'elle interdit totalement et absolument d'user de certains droits, même au travers du mécanisme de représentation. Elle est donc très rare et strictement limitée. Ce sera le cas, par exemple, de l'incapacité qui empêche les personnes morales de passer des contrats non conformes à leur objet social. Un autre exemple classique est donné par l'article 903 du Code civil qui interdit aux mineurs de moins de seize ans d'accorder une donation. Même si à la fois l'enfant et ses représentants légaux souhaitent tous cette donation, il leur est strictement interdit de la consentir et le mineur devra attendre l'âge de 16 ans pour faire preuve de générosité.

3. Le patrimoine

La personnalité juridique, qu'elle concerne une personne physique ou une personne morale, a pour conséquence de conférer à son titulaire un **patrimoine**.

A. Notion de patrimoine

Le patrimoine est une abstraction, un contenant purement intellectuel, qui réunit tous les droits et toutes les obligations qu'à un sujet de droit. On est bien loin de la définition courante du terme, qui renvoie à l'idée de biens possédés et même de fortune. Dans son acception juridique, le patrimoine est un concept : on ne peut pas toucher un patrimoine, il n'a aucune réalité concrète. On dit qu'il s'agit d'une universalité de droits, regroupant tous les droits et obligations évaluables en monnaie. Il représente aussi bien des droits dont l'on bénéficie, **l'actif**, que des obligations que l'on supporte, **le passif**.

Le contenu du patrimoine peut aussi bien représenter un droit sur bien physique que l'on possède (la voiture dont on est propriétaire, à l'actif du patrimoine) qu'un droit incorporel, qui n'a aucune réalité concrète et qui est uniquement un droit sur un individu (le droit d'exiger le loyer dû par le locataire occupant un appartement, aussi à l'actif du patrimoine). Au passif, la dette que l'on contracte auprès de la banque en prenant un crédit pour acheter la voiture est aussi un droit sans réalité physique.

Toute personne ayant la personnalité juridique a un patrimoine, même vide. Le patrimoine est indissociable de la personnalité juridique et en est une conséquence systématique. L'enfant qui vient de naître à un patrimoine, même s'il est fort probable que tant l'actif que le passif du patrimoine de ce nourrisson sont vides. La société qui accumule les pertes et les dettes a quand même un patrimoine, même s'il est fort probable que le passif est largement supérieur à l'actif.

Seule la personne qui a la personnalité juridique a un patrimoine. Ce point est particulièrement important pour les personnes morales : celles à qui on refuse cette qualité n'ont pas de patrimoine et sont donc dans l'impossibilité de passer des contrats, d'ouvrir un compte en banque, d'embaucher des salariés… car elles ne peuvent pas avoir de droits ou d'obligations.

B. Caractéristiques du patrimoine

- Principe **d'universalité du patrimoine** : l'actif et le passif ne sont pas séparables. Transmettre un patrimoine signifie que l'on transmet en même temps l'actif et le passif.

  Comme une personne a obligatoirement un patrimoine et qu'elle ne peut pas s'en défaire, il est impossible à une personne vivante de céder, que ce soit à titre onéreux ou gratuit, son patrimoine. On dit que le patrimoine est **intransmissible entre vifs**. Ce principe s'applique aussi bien aux personnes physiques qu'aux personnes morales. Un sujet de droit peut vendre un droit particulier qu'il possède à l'actif de son patrimoine (il est possible de vendre sa voiture, il est possible de céder une créance), il peut concéder certains droits particuliers sans les aliéner totalement (il est possible de louer un bien). Mais il ne peut pas se défaire de l'intégralité de son patrimoine.

Par contre, le patrimoine est intégralement transféré à la disparition de la personne. C'est **l'héritage et la succession** pour une personne physique, c'est la **dissolution** pour une personne morale. Les héritiers (les ayants cause à titre universel) héritent aussi bien de l'actif que du passif du patrimoine de la personne disparue. Il est impossible de ne recevoir que l'actif (le château en Espagne) sans le passif (les dettes de jeu).

- Principe **d'unicité du patrimoine** : un sujet de droit ne peut posséder qu'un seul patrimoine. Un patrimoine n'appartient qu'à un seul sujet de droit. Il est impossible à une personne de se créer plusieurs patrimoines distincts, chacun d'eux étant affecté à un objectif particulier. Le patrimoine est une masse indivisible qu'il n'est pas possible de compartimenter à sa guise. Ainsi, une personne commerçante n'a pas la possibilité de séparer son patrimoine en distinguant son activité personnelle (sa résidence d'habitation, le crédit bancaire pour payer son home-cinéma...) et son activité professionnelle (les locaux et le matériel professionnel, les dettes fournisseurs, le crédit bancaire pour payer l'achat de la fourgonnette réservée à l'usage professionnel...)
- Le patrimoine, **droit de gage général des créanciers** : la conséquence des principes d'universalité et d'unicité du patrimoine est que la **totalité de l'actif répond de la totalité du passif**. Cela se retrouve à l'article 2284 du code civil : « quiconque s'est obligé personnellement est tenu de remplir son engagement sur tous ses biens mobiliers et immobiliers, présents et à venir ». Ainsi, dans l'exemple précédent, les créanciers de l'activité professionnelle (le fournisseur qui a une facture impayée) peuvent engager des procédures pour saisir des biens qui correspondent à la vie privée et personnelle du commerçant. De même, la banque qui a prêté de l'argent au commerçant il y a longtemps peut demander la saisie d'un bien, tant privé que professionnel, qui a été acquis par le commerçant bien après l'accord de ce prêt si une échéance n'est pas honorée.

Il faut remarquer que le principe d'unicité du patrimoine qui créé un droit de gage général des créanciers est fortement critiqué. Même s'il existe encore en droit positif et qu'il est parfois présenté comme un dogme, il faut admettre qu'il a connu des limitations pratiques importantes.

Ainsi, afin de permettre aux entrepreneurs de séparer leurs activités personnelle et professionnelle, la loi rend possible la création de sociétés, personnes morales, **ayant un seul associé**, l'entreprise unipersonnelle à responsabilité limitée par exemple (EURL). Cette technique permet de contourner facilement l'unicité du patrimoine comme droit de gage général des créanciers : l'entrepreneur, personne physique, conserve dans son patrimoine de personne physique son actif et son passif privés. Il crée une personne morale, qui a donc son patrimoine distinct de celui de la personne physique. Il en est seul associé. Il lui transfère l'actif et le passif professionnel.

Cela permet donc très facilement d'affecter des ressources à un patrimoine spécifique pour une activité spécifique. Les créanciers de l'activité professionnelle ne peuvent plus, en cas de mauvais résultats de l'entreprise, saisir les biens personnels car ils sont dans un patrimoine distinct. Il faut pourtant nuancer l'exception, car les banques, notamment, ont parfaitement conscience de ce mécanisme et n'hésitent pas à réclamer une caution personnelle et solidaire du commerçant, prise sur son patrimoine personnel, ce qui revient à crever la cloison étanche créée entre le patrimoine privé de la personne physique et le patrimoine professionnel de l'EURL

De façon plus simple, mais efficace, des lois du 1er juillet 2003 et du 4 août 2008 ont permis à l'entrepreneur personne physique de bénéficier de plein droit (automatiquement et sans formalité) d'une **insaisissabilité de sa résidence principale** et, après une déclaration spécifique, d'une insaisissabilité de ses autres biens fonciers. Même si le patrimoine de l'entrepreneur individuel est unique, il contient des masses distinctes échappant au droit de gage général des créanciers.

CAS PRATIQUE

M. Rupin possede une belle voiture et une cave à vins bien garnie. Il loue un très bel appartement. Il a aussi hérité d'une maisonnette au bord de la mer. Il a cependant dû s'endetter et il rembourse un crédit mobilier qui lui a permis d'acquérir son 4x4. Il se souvient avec tristesse du temps où il était marié. Mais, sa passion s'étant étiolée, il a obtenu le divorce, assorti de l'obligation de payer une pension alimentaire à son ex-épouse.

Il se lance dans une nouvelle activité : sur simple appel téléphonique, votre cassoulet livré à domicile en 30 minutes. Il a besoin de 3 scooters, d'investir dans du matériel de cuisine... Pour cela, il emprunte 50 000 € à la banque. Il embauche 3 personnes pour assurer les livraisons. Par contre, fâché avec la paperasse, il ne souhaite pas créer de personne morale pour son entreprise.

Quel est le patrimoine de M. Rupin ?

À bout de quelques mois d'activité, son entreprise ne fonctionne pas aussi bien qu'il l'espérait. Il a du mal à rembourser le crédit de 50 000 € qui a servi à financer son lancement.

Quelles sont les possibilités qui s'offrent à la banque pour se faire rembourser?

SOLUTIONS

1. Patrimoine de M. Rupin

Un patrimoine est constitué d'un actif (les droits dont est titulaire M. Rupin) et d'un passif (les obligations qu'il supporte). Ce patrimoine est unique pour un sujet de droit. Comme il n'a pas souhaité créer de personne morale distincte pour son activité professionnelle, on ne distingue pas ce qui concerne sa vie privée de ce qui concerne son entreprise. On retrouve à l'actif: la voiture, la maison de campagne, les bouteilles de vin, le droit de jouir et d'occuper l'appartement dont il est locataire, le matériel de cuisine, réfrigérateur et four professionnel, les scooters. On retrouve au passif: le crédit avec lequel il a payé sa voiture, le loyer qu'il doit au propriétaire de l'appartement loué, la pension alimentaire à verser à son ancienne épouse, le crédit fait pour lancer son entreprise, les salaires qu'il doit à ses salariés ainsi que les charges sociales qu'il doit payer sur ces salaires, les divers impôts et taxes dont il doit s'acquitter tant à titre privé que professionnel.

Malgré son peu d'amour pour les choses administratives, on peut lui conseiller de faire une déclaration d'insaisissabilité de sa résidence secondaire par acte notarié. Elle sera ainsi soustraite aux poursuites de la banque s'il a du mal à rembourser son crédit professionnel. Comme il est locataire, l'insaisissabilité de la résidence principale est sans objet ici: il n'est est pas propriétaire.

2. Remboursement à la banque

Le patrimoine de M. Rupin est unique: il mélange l'activité privée et professionnelle. L'actif de son patrimoine est alors le droit de gage général de ses créanciers. La banque est un de ces créanciers. Elle peut demander la saisie et la vente de n'importe quel bien de l'actif du patrimoine de M. Rupin, sauf la maisonnette au bord de la mer si la déclaration d'insaisissabilité de la résidence secondaire a été faite. Ainsi, elle peut exiger la vente forcée de la voiture ou de la collection de bouteilles de vin et se faire rembourser des échéances en cours sur le produit de cette vente.

Fiche 22
Classification des droits subjectifs

1. Principes généraux
2. Variété et caractéristiques des droits extrapatrimoniaux
3. La propriété intellectuelle

- **Objectif :** Comprendre comment les droits objectifs, abstraits, deviennent subjectifs en s'appliquant aux individus. Connaître les principaux droits subjectifs et leur classification
- **Prérequis :** Fiches 19 et 21
- **Mots-clefs :** Droits patrimoniaux et extra-patrimoniaux ; droits réels et droits personnels ; droits de la personnalité ; propriété intellectuelle

Le sujet de droit possède des droits et des obligations. Ce sont les **droits subjectifs**, traduction concrète du droit objectif en prérogatives concrètes d'un individu particulier.

1. Principes généraux

A. Distinction entre droits patrimoniaux et extra-patrimoniaux

- Les droits **patrimoniaux** : ce sont ceux qui peuvent être intégrés dans le patrimoine de la personne. Cela signifie qu'ils sont évaluables en argent, même indirectement. Ils ont une valeur économique. Ils peuvent correspondre à une réalité matérielle et être très facilement évaluables en monnaie : la voiture d'occasion a une côte à l'argus. Ils peuvent ne pas avoir de réalité matérielle et être plus difficilement évaluables, mais ils ont potentiellement une contre-valeur monétaire et sont donc inclus dans le patrimoine. C'est le cas, par exemple, d'un brevet d'invention. D'autres droits patrimoniaux portent sur un individu, ils ont pour objet de donner la possibilité d'exiger quelque chose ou un comportement d'une autre personne. C'est le cas, par exemple, d'un contrat de prestation de services tel que le contrat de transport: il donne le droit à l'expéditeur d'exiger le transport dans des conditions définies à l'avance et moyennant le paiement d'un prix.

- Les droits **extra-patrimoniaux**: tous les droits subjectifs ne sont pas évaluables en argent et ne rentrent pas dans le patrimoine. Certains d'entre eux sont extra-patrimoniaux: ils ne présentent pas de valeur pécuniaire. Ce sont les droits de l'homme (droit à la vie, à la liberté...), les droits de la personnalité (droit à l'honneur, droit au respect de la vie privée...), les droits politiques (droit de vote, droit d'éligibilité...) et enfin certains droits nés des rapports familiaux (le droit à rechercher sa filiation, le devoir de secours et d'assistance entre époux...)

Ainsi présentée, la distinction entre droits patrimoniaux et extra-patrimoniaux est bien tranchée. En réalité, il n'est pas impossible qu'un droit extrapatrimonial ait quand même un aspect pécuniaire. Ainsi, une atteinte à un droit extrapatrimonial peut être indemnisée par une somme d'argent (les dommages et intérêts). C'est, par exemple, le cas d'une atteinte à l'honneur qui peut être compensée par un euro de dommage et intérêt symbolique ou par une somme supérieure. En outre, certains aspects des droits extra-patrimoniaux peuvent néanmoins avoir des aspects patrimoniaux. Par exemple, l'usage du nom d'un individu, alors que le nom est par nature extrapatrimonial, peut être cédé par contrat onéreux à autrui qui pourra en faire une exploitation commerciale, notamment comme marque.

B. Distinction entre les droits réels et les droits personnels

Une autre façon de classer les droits subjectifs consiste à distinguer les droits réels des droits personnels. Cette typologie est alors fondée sur l'objet du droit: elle met l'accent vers ce sur quoi ils portent.

- Les **droits réels**: ce sont des droits qu'une personne exerce directement sur une chose. Il ne s'agit pas de la chose elle-même, qui n'a que peu d'intérêt juridique, mais des prérogatives que le droit objectif confère à un individu particulier sur une chose particulière. Ce peut, par exemple, être un droit de propriété sur une voiture: le droit réel de propriété est le fait pour la personne de pouvoir utiliser, louer, prêter, voire détruire son véhicule. Les biens ainsi que les différentes catégories de droit réels seront présentés en détail dans la fiche n° 23.

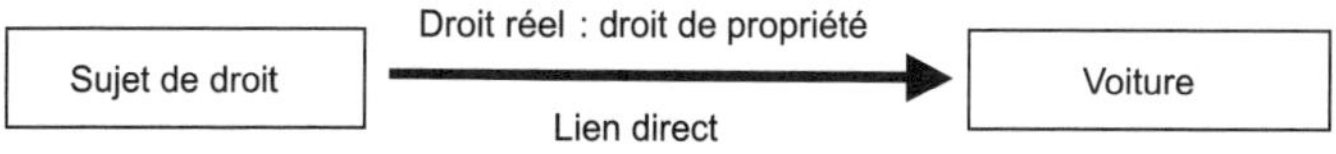

- Les **droits personnels** : ce sont des droits qu'une personne exerce sur une autre personne. On parle aussi de **droits de créance** ou **d'obligation**.

Un droit personnel oblige quelqu'un à faire ou ne pas faire quelque chose : il concerne alors une prestation, et il ne concerne pas du tout un bien. C'est le cas, par exemple, du coiffeur et qui entame la coupe de cheveux : on a un droit personnel sur le coiffeur, on peut exiger de lui qu'il termine le coupe de cheveux commencée conformément aux instructions données et aux règles de l'art.

Le droit personnel peut aussi concerner le paiement d'une somme d'argent. Le juriste parle d'obligation de donner. C'est le cas, par exemple, de l'obligation créée lorsque l'on blesse accidentellement quelqu'un : la victime est titulaire du droit personnel d'exiger des dommages et intérêts.

La difficulté est que ce droit peut, mais indirectement, concerner une chose. Il est alors facile de le confondre avec un droit réel alors qu'il s'agit de deux notions juridiques totalement différentes, avec des régimes juridiques distincts.

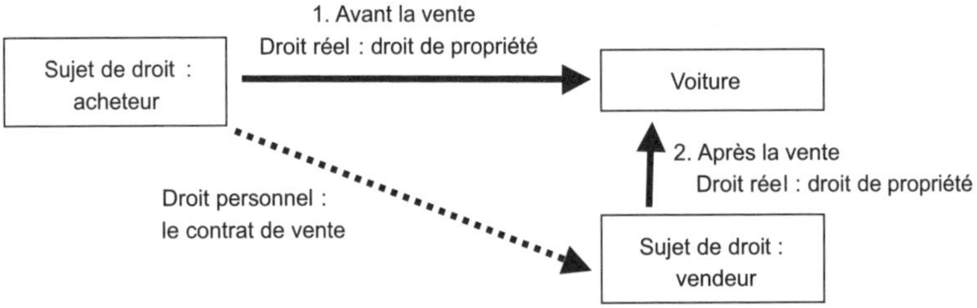

Dans l'exemple du schéma précédent, le but du droit personnel est de transférer la propriété de la voiture du vendeur vers l'acquéreur. Le droit personnel est le contrat de vente. Il lie deux individus et crée pour le vendeur l'obligation de transférer la propriété de la voiture et pour l'acquéreur l'obligation d'en payer le prix. Ce droit personnel entre vendeur et acquéreur est indépendant du droit réel (la propriété de la voiture) et a une existence autonome, avec un régime juridique spécifique (fiche n° 24). Même si, bien entendu, l'un ne peut pas ignorer l'autre.

2. Variété et caractéristiques des droits extrapatrimoniaux

A. De nombreux droits extra-patrimoniaux

Les droits extra-patrimoniaux sont très divers. Les droits de l'homme, les droits politiques, les droits familiaux ont déjà été cités. La dernière catégorie, que l'on appelle les droits de la personnalité, mérite quelques développements particuliers dans le cadre de cet ouvrage.

- Droits à **l'intégrité du corps humain** : articles 16 et suivants du Code civil. Ainsi, l'article 16-1 pose le principe de l'inviolabilité du corps humain. Il place hors du commerce juridique, en le déclarant extrapatrimonial, le corps humain et ses dérivés : tout contrat, toute appropriation pécuniaire du corps humain est prohibée.
- Droit à la **vie privée** : cet aspect des droits de la personnalité est un des plus connus, tant il peut faire la une de certains médias. Son principe est posé à l'article 9 du Code civil: « Chacun a droit au respect de sa vie privée (...) ». Cela paraît fort simple de prime abord, mais la mise en œuvre est bien délicate dans de nombreux cas. En effet, la divulgation des amours, des goûts, de la fortune... d'un quidam parfaitement inconnu rentre sans grande discussion possible dans le cadre de ce texte. L'inconnu dont la vie privée a ainsi été étalée au grand jour peut, sans difficulté, poursuivre l'auteur des indiscrétions et en demander au juge la sanction. Par contre, comment distinguer entre la vie privée et la vie publique d'une personnalité. La même célébrité, le même personnage politique, pourrait être fort satisfait de voir s'étaler en première page des journaux sa vie conjugale ou ses dernières vacances dès lors que l'image qui en est donnée est compatible avec sa stratégie de communication. Par contre, il peut crier à l'atteinte de sa vie privée si la même information est divulguée alors qu'elle écorne l'image qu'il veut montrer de lui au public. Il revient alors au juge de trancher entre ce qui relève de la vie privée de la personnalité, strictement protégée comme droit de la personnalité, et ce qui relève du droit à l'information du public, rendu nécessaire par la célébrité, qui n'est pas protégé par le droit à la vie privée.

B. Caractéristiques des droits extra-patrimoniaux

Les droits extra-patrimoniaux présentent certaines caractéristiques particulières qui donnent tout son sens au clivage avec les droits patrimoniaux :

- Les droits extra-patrimoniaux sont en principe **incessibles.** Il est impossible de les transmettre, de les vendre, de les louer... Ils sont attachés à la personne humaine et ne peuvent pas faire l'objet, en principe, d'une appropriation marchande. On dit qu'ils sont « **hors du commerce juridique** ». Cette règle connaît cependant des exceptions et certains droits que l'on aurait tendance à dire extra-patrimoniaux, peuvent faire l'objet de contrats. Ainsi, à condition que ce soit à titre gratuit et dans un cadre bien défini, le don d'organes et de dérivés du corps humains (sang) est autorisé. De même, l'exploitation économique de droits extra-patrimoniaux est parfois possible. Un exemple en a déjà été donné avec le nom, dont l'usage peut être cédé pour une exploitation commerciale.

- Les droits extra-patrimoniaux sont **imprescriptibles**. Cela signifie qu'ils ne s'éteignent pas par leur non-usage.
- Les droits extra-patrimoniaux sont, en principe, **intransmissibles** : ils disparaissent à la mort de l'individu. Là encore, le principe connaît des exceptions. Ainsi, le droit extrapatrimonial qu'a un auteur sur une œuvre artistique ou littéraire est transmis à ses héritiers. De même, le conjoint et les héritiers peuvent faire respecter le droit à l'honneur d'une personne pourtant décédée.
- Les droits extra-patrimoniaux sont, en principe, **insaisissables** par les créanciers, car ils ne font pas partie, par définition, du patrimoine de la personne.
- La **protection** des droits extra-patrimoniaux présente certains caractères particuliers. En principe, leur atteinte fait l'objet d'une réparation directe. Par exemple, la violation de la vie privée d'une personne par la publication d'un ouvrage divulguant certaines informations est sanctionnée par la saisie des exemplaires non distribués du livre et leur destruction. Mais, cet exemple montre aussi les limites de ce type de sanction : que faire une fois que l'ouvrage a été diffusé et que des exemplaires ont été vendus ? La diffusion d'informations sur des supports dématérialisés comme internet rend cette difficulté encore plus fréquente. En cas d'impossibilité à prévenir ou faire cesser l'atteinte au droit extrapatrimonial, la solution est alors d'en réparer l'atteinte par équivalent monétaire. Le juge octroiera des dommages et intérêts à celui dont le droit, pourtant extrapatrimonial, a été lésé.

3. La propriété intellectuelle

Les droits de propriété intellectuelle sont les droits qu'une personne a sur une création intellectuelle afin de lui en assurer le monopole et qu'elle puisse en tirer un revenu. Il s'agit de trouver un équilibre entre des intérêts divergents : la meilleure diffusion possible auprès du public de la création intellectuelle ou de la découverte scientifique d'une part, la protection des intérêts tant financiers que moraux du créateur d'autre part.

Ce sont des droits qui portent sur des biens incorporels : ils ne portent pas sur l'objet né de la création artistique (la sculpture, la galette de plastique qui contient la musique ou le film) ou sur l'objet fabriqué à partir de l'invention, mais sur la création elle-même : la forme de la sculpture, la musique ou le film lui-même, la technique nouvelle qui a permis l'objet inventé.

Il existe deux catégories de droits intellectuels, selon qu'ils portent sur une création industrielle (propriété industrielle : brevets, marques et signes distinctifs, dessins et modèles) ou une création artistique ou littéraire (droit d'auteur). Les premiers sont totalement intégrés dans le patrimoine alors que les seconds sont des droits hybrides, marqués à la fois par un aspect patrimonial et extrapatrimonial.

EXERCICES

Dans chacune des situations suivantes, indiquez de quels types de droits il s'agit.

1. Mme Vix demande à son voisin de bien vouloir cesser de jeter ses déchets de tonte dans sa cour par-dessus la clôture.

2. L'entreprise Muche achète à un concessionnaire automobile une fourgonnette.

3. M. Sakharov est outré de voir qu'une photographie, le représentant en petite tenue en train brandir un drapeau révolutionnaire, prise lors d'une soirée étudiante, est publiée dans le journal local.

SOLUTIONS

1. Mme Vix cherche à faire respecter un droit réel étant à l'actif de son patrimoine : la propriété de sa cour. Ce droit de propriété est un droit réel car il unit directement Mme Vix à un objet (la cour). Par contre, le comportement du voisin génère un droit personnel entre lui et Mme Vix. Les déchets jetés dans la cour constituent un préjudice causé par un comportement fautif. Mme Vix aura un droit à indemnisation sur son voisin. Ce droit unit directement les deux personnes (et non plus Mme Vix à la cour) : il s'agit d'un droit personnel, patrimonial car le préjudice sera indemnisé en argent.

2. Cette situation recouvre deux droits patrimoniaux : un droit réel, qui est le droit de propriété sur la camionnette, et un droit personnel qui est le contrat entre le concessionnaire et l'entreprise Muche. L'objet de ce contrat est de transférer la propriété de la camionnette à son acquéreur. Il unit deux sujets de droits et créé des obligations entre eux (payer le prix, transférer la propriété). C'est bien un droit personnel. L'acheteur aura, une fois la transaction effectuée, un droit réel sur le véhicule, qui l'unit directement à l'objet : il en sera propriétaire.

3. Il s'agit d'un droit extrapatrimonial car il n'est pas inclus dans le patrimoine de M. Sakharov et n'a pas de valeur monétaire directe. C'est le droit au respect de la vie privée, part intégrante de l'individu, incessible et intransmissible (même si ses héritiers peuvent agir à sa place après son décès). La violation de la vie privée est sanctionnée par l'obligation de retirer la photo et éventuellement par des dommages et intérêts (symboliques ou pas en fonction du préjudice prouvé). Ce dernier aspect monétaire n'est qu'une compensation indirecte de la violation d'un droit qui reste hors du patrimoine.

CAS PRATIQUE

Reprenons l'énoncé du cas pratique de la fiche précédente. La banque qui a prêté 50000 € à M. Rupin pour qu'il puisse démarrer son entreprise souhaite exercer une action pour se faire rembourser des mensualités impayées. Elle a donc, comme cela a été indiqué, un droit de gage général sur le patrimoine de M. Rupin. Par contre, au moment où elle veut saisir l'actif de ce patrimoine, notamment la maisonnette au bord de la mer, elle découvre avec stupeur que M. Rupin vient de vendre de bien immobilier et a dilapidé le produit de la vente en s'offrant de somptueuses vacances. Quelles actions s'offrent à la banque ?

SOLUTION

La banque a uniquement un droit personnel sur M. Rupin. Elle peut donc saisir le patrimoine de ce dernier au moment où sa créance est exigible. En effet, le patrimoine est le droit de gage général du créancier, les biens à l'actif ne sont pas individualisés pour un créancier particulier. Si M. Rupin a vendu la maisonnette et dilapidé le produit de la vente, la banque n'a aucun droit sur la maisonnette et devra se contenter de l'actif restant dans le patrimoine de M. Rupin au moment où elle réclame les mensualités en retard.

Fiche 23
Les biens. Les droits sur les biens : droits réels

1. Les biens
2. Caractéristiques des droits réels

- **Objectif :** Comprendre la notion juridique de bien et connaître les principaux droits qui s'appliquent à ces biens. Connaître les caractéristiques de ces droits.
- **Prérequis :** Fiches 19, 21, 22, 23 et 24 (les fiches 23 et 24 se complètent et sont à étudier simultanément)
- **Mots-clefs :** Bien ; bien corporel et incorporel ; bien meuble et immeuble ; droit réel ; droit de suite ; droit de préférence

1. Les biens

A. La notion de bien

La notion juridique de bien recouvre deux aspects :

- Un aspect **matériel** : le bien est la chose sur laquelle porte le droit de propriété. C'est n'importe quel objet, à la seule condition qu'il soit dans le commerce juridique, c'est-à-dire qu'un droit réel puisse y être attaché. Autrement dit, il doit pouvoir être approprié. Ainsi, certaines choses ne sont pas des biens au sens juridique du terme : elles ne peuvent pas faire l'objet de droit, elles ne rentrent pas dans le patrimoine. Il est, par exemple, impossible de les acheter ou de les vendre. C'est le cas de l'air que nous respirons, de la lumière solaire. Il faut cependant nuancer la portée de ces choses qui ne peuvent être appropriées. Le mercantilisme dominant cherche à faire entrer dans le commerce juridique de plus en plus d'objets. Un exemple caricatural en est donné par la vente d'une boîte de conserve qui permet au touriste de ramener chez lui... un petit peu d'air de Palavas les flots !

En résumé : un bien peut être une chose ayant une réalité physique. On parle alors de **bien corporel**. Mais toutes les choses ne sont pas des biens.

- Un aspect **juridique** : le bien est le droit réel lui-même. Cette approche permet de se rendre compte que les droits réels ne portent pas que sur des choses ayant une existence tangible. Il existe des droits réels portant sur des éléments n'ayant pas de réalité physique. On parle alors de **bien incorporel**. Ils représentent plus un droit qu'un objet. C'est, par exemple, le droit d'auteur tel qu'il a été définit en parlant de la propriété intellectuelle (fiche n° 22). Il ne porte pas sur l'objet qui représente l'œuvre. Il ne concerne pas le disque de plastique sur lequel est enregistré un morceau de musique ou un film. Il ne concerne pas la sculpture en tant qu'objet. Il porte sur la création intellectuelle qu'est cette œuvre : la musique ou le film lui-même, la forme de la sculpture... Il est un bien incorporel, car il porte sur quelque chose d'immatériel. Le bien est le droit lui-même, le monopole d'exploitation de l'œuvre, le droit à ce qu'elle soit respectée... Il n'est pas l'objet.

  Les brevets, outil de la propriété industrielle, sont un autre exemple de bien incorporel. Le brevet n'est pas l'objet fabriqué, il représente le monopole d'exploitation de l'invention.

  En résumé : un bien peut ne pas être une chose. Il est alors un droit réel portant sur un élément immatériel. On parle de **bien incorporel**.

La classification des biens entre corporels et incorporels n'apparaît pas dans le Code civil. Dans l'esprit de ses rédacteurs, en 1804, un bien était essentiellement corporel. Les droits réels sur des choses immatérielles étaient rares. C'est fréquemment l'inverse aujourd'hui, la richesse d'un individu pouvant être constituée de biens incorporels. Celui qui détiendrait un brevet permettant de transformer l'air en énergie aurait une fortune colossale. Où serait la matérialité dans son invention ? Celui qui détient la majorité des actions d'une société anonyme peut posséder, de ce fait, une fortune tout aussi colossale. Ces actions ne sont pourtant que des inscriptions informatiques dans le livre de compte d'une banque.

B. Classification des biens

L'article 516 du Code civil distingue les biens meubles et les biens immeubles.

- Les **biens meubles** : la logique voudrait qu'un bien meuble soit celui qui puisse être mobile, qui pousse bouger, que ce soit par ses propres moyens ou non. Elle est respectée, mais partiellement. Il existe en effet trois catégories de biens meubles :

  - Le **meuble par nature** : ce sont ceux qui sont naturellement mobiles, par leur propre moyen ou non : une chaise, une voiture, un livre, une tondeuse à gazon…
  - Le **meuble par destination de la loi** : c'est un droit qui porte sur un élément incorporel. On parle de meubles incorporels. La loi décide de les classer parmi les meubles, alors que par nature ils ne sont ni meubles ni immeubles puisqu'ils n'ont pas d'existence physique. Ce sont tous les droits de propriété intellectuelle ou industrielle, les droits de clientèle, les fonds de commerce. Ce sont aussi tous les droits de créance, c'est-à-dire tous les droits qui permettent d'exiger de quelqu'un le paiement d'une somme d'argent. On classe ainsi dans cette catégorie tous les titres (actions de sociétés, obligations) et toutes les valeurs mobilières.
  - Le **meuble par anticipation** : ce sont des choses qui sont naturellement immeubles, car elles ne peuvent se déplacer ni être déplacées. Mais elles ont vocation à devenir meubles : leur immobilité n'est que temporaire. Ce sera le cas, par exemple, d'une récolte vendue sur pied. Le critère important est de savoir si les personnes qui se créent des droits sur cette récolte entendent, alors qu'elle n'est pas encore cueillie, faire comme si elle était meuble. Si c'est le cas, il s'agira d'un meuble par destination.

- Les **biens immeubles** : la logique voudrait qu'un bien immeuble soit celui qui est immobile, qu'il est impossible de mouvoir. La encore, elle est respectée, mais partiellement, car il existe deux catégories de biens immeubles :

  - L'**immeuble par nature** : ce sont les choses qui sont naturellement immobiles, qui ne peuvent être déplacées car elles sont fixées au sol. C'est le sol lui-même, ainsi que tous les végétaux qui y poussent, toutes les constructions qui y sont placées. Dans certains cas, le critère est sujet à interprétation, le juge devant trancher en cas de conflit.
  - L'**immeuble par destination** : ce sont des choses naturellement mobilières qui peuvent devenir immeubles parce qu'elles sont intimement liées à un immeuble.

Un premier exemple est donné par les éléments de décoration et d'agrément qui sont intégrés dans un immeuble. Une cheminée peut être démontée et peut être considérée comme un meuble. Mais s'il est impossible de la détacher de l'immeuble sans l'abîmer ou abîmer l'immeuble, elle est considérée comme un immeuble par destination. C'est ce que le Code civil appelle les « biens attachés au fonds à perpétuelle demeure ».

Cette liaison à un immeuble n'est pas que physique : ce n'est pas nécessairement un élément de béton qui scelle le meuble à l'immeuble. C'est, au contraire, souvent une relation d'usage qui fait que l'immeuble perd son utilité si on lui soustrait le meuble, qui devient alors immeuble par destination, c'est-à-dire parce qu'il sert à un immeuble. Le Code civil qualifie ainsi d'immeuble par destination les éléments destinés à l'exploitation d'un fonds. Un exemple classique est le troupeau, partie intégrante de l'exploitation agricole d'élevage. Un autre exemple est la vaisselle et le matériel de cuisine nécessaires à l'exploitation d'un restaurant.

Cette distinction n'est pas qu'intellectuelle et présente un intérêt pratique important :

Un premier enjeu est le **choix du tribunal compétent.** En ce qui concerne la compétence territoriale, le tribunal compétent est, en principe, celui du lieu de l'immeuble mais est celui du domicile du défendeur s'il s'agit d'un meuble. En ce qui concerne la compétence matérielle, le tribunal compétent est, en principe, toujours le tribunal de grande instance dès qu'il s'agit de propriété immobilière, alors qu'il peut s'agir aussi bien du juge d'instance que de grande instance, en fonction de l'enjeu du litige, si l'affaire est mobilière.

Un autre enjeu concerne les **modes de preuve admissibles**. Si l'affaire concerne un meuble, la preuve peut être libre ou légale, selon les parties en présence (commerçantes ou non) et le montant du litige (preuve légale nécessaire à partir de 1 500 €, libre en deçà). Si l'affaire concerne un immeuble, la preuve légale est nécessaire et un acte authentique sera en outre très certainement exigé.

Un autre enjeu concerne les **formalités de publicité nécessaires** lors de la création, modification ou transmission de droits sur les biens. Ces formalités sont très réduites, voire inexistantes, sur les bien meubles alors qu'elles sont fortes et très réglementées pour les droits concernant les immeubles. Une vente mobilière ne donne lieu, en principe, à aucune publicité alors qu'une vente immobilière doit faire l'objet d'un acte authentique et nécessite une publicité spécifique auprès d'un service administratif spécialisé. Cette formalité sert à protéger les droits des tiers qui pourraient éventuellement être concernés par cette vente (voir le droit de préférence ci-dessous).

Un dernier enjeu concerne la **fiscalité**, différente entre les meubles et les immeubles.

2. Caractéristiques des droits réels

S'il est important de bien définir les droits réels et les biens, c'est parce que leur régime juridique, les règles qui leur sont applicables, est différent de celui applicable aux droits personnels.

A. Existence des droits réels

Les droits réels sont limitativement énumérés par la loi, qui est seule à pouvoir les créer. Si un droit n'est pas spécifiquement énoncé comme droit réel, il sera considéré comme un droit personnel.

- Le **droit de propriété**. C'est celui qui donne les prérogatives les plus complètes sur la chose. Le propriétaire est titulaire de l'usus (le droit d'utiliser le bien), du fructus (le droit de tirer des revenus du bien) et de l'abusus (le droit d'en disposer, c'est-à-dire de le vendre).
- Les **démembrements du droit de propriété**, qui découpent le droit de propriété sur plusieurs titulaires et n'en donne à chacun qu'une partie. Un des plus connu est **l'usufruit**, qui coupe la propriété sur deux têtes : l'usufruitier qui bénéficie de l'usus et du fructus et le nu-propriétaire qui bénéficie de l'abusus. Un autre exemple de démembrement de la propriété est la **servitude** : une personne qui n'est pas propriétaire d'un bien immobilier exerce cependant sur ce bien immobilier certaines prérogatives de propriétaire. Par exemple, le propriétaire d'un terrain enclavé (le fond dominant), sans accès à la voie publique, peut bénéficier d'une servitude sur le terrain voisin (le fond servant) afin d'accéder à la route.
- Les **sûretés réelles** : ce sont des droits réels particuliers car ils ne portent pas directement sur une chose. Ils existent en complément d'une créance qui est un droit personnel, afin de garantir le paiement de celle-ci. Si un banquier prête de l'argent pour acheter une maison, il peut demander à ce que son prêt soit garanti par une **hypothèque**, sûreté réelle. Cette hypothèque porte sur la maison achetée. En cas de défaillance de l'emprunteur, le banquier a un privilège sur le prix de vente de la maison : il est payé avant les autres créanciers qui pourraient entrer en concurrence avec lui. Il a plus qu'un droit de gage général sur le patrimoine de l'emprunteur (fiche n° 21). Ce type de sûreté fait partie des droits réels car c'est un bien particulier (ici la maison) qui garantit le paiement. Il s'oppose aux cautions qui sont des sûretés personnelles : c'est un autre débiteur, la caution, qui garantit le paiement en cas de défaillance du débiteur principal, et non pas la vente d'un bien.

B. Droit de préférence

Lorsque le titulaire d'un droit réel s'oppose au titulaire d'un droit personnel, à propos d'une chose, c'est toujours le droit réel qui l'emporte. Cette règle explique tout l'intérêt des sûretés réelles. Supposons un banquier qui prête de l'argent pour acheter une maison. Il a intérêt à imposer une hypothèque, sûreté réelle, sur la maison pour garantir son prêt. Supposons ensuite que le même emprunteur obtienne un prêt d'un autre banquier pour compléter son financement dans l'achat de son habitation. Le second banquier ne réclame pas d'hypothèque. Si le débiteur ne rembourse pas son crédit, les banquiers peuvent aller jusqu'à exiger la vente de la maison. Si le prix de vente de la maison ne suffit pas à les rembourser tous les deux (le marché de l'immobilier a chuté...), celui qui a l'hypothèque, droit réel, sera remboursé en priorité sur ce prix de vente. Le second banquier, qui n'a qu'un droit personnel, se servira ensuite sur ce qui reste du prix de vente et supportera le risque de ne pas être intégralement remboursé. Le créancier qui n'a aucun privilège et qui est remboursé en dernier sur l'actif du débiteur est appelé un créancier chirographaire. Celui qui bénéficie d'une sûreté particulière, qu'elle soit réelle (hypothèque) ou personnelle (caution) est appelé un créancier privilégié.

C. Droit de suite

Le droit réel donne à son titulaire un droit de suite. Il a la possibilité de faire respecter son droit de propriété quelles que soient les mains entre lesquelles se trouve le bien concerné. Ainsi le propriétaire peut réclamer un objet qui lui a été volé (on dit qu'il le revendique) quelle que soit la personne qui l'a ensuite en sa possession. À condition, bien entendu, qu'il prouve sa propriété.

Le droit réel **est opposable à tous**. Par contre, certains droits réels ne sont opposables aux tiers que si des formalités particulières de publicité ont été accomplies. Par exemple, une hypothèque ne sera opposable aux tiers (et donc n'aura d'intérêt en raison du droit de préférence qu'elle confère) que si elle est publiée auprès d'un service administratif particulier : la conservation des hypothèques. À défaut de publication, le créancier hypothécaire se retrouve sans droit de préférence et sera directement en concurrence avec les créanciers chirographaires.

EXERCICES

Dans chacune des situations suivantes, indiquez s'il est question d'un immeuble ou d'un meuble. Dans ce dernier cas, précisez s'il est corporel ou incorporel.

1. Un frère et une sœur héritent de leur mère. Le testament a spécifié que le terrain et le bâtiment reviennent au frère tandis que la collection d'œuvres d'art que renferme la maison revient à la sœur. Ils se disputent pour savoir qui va hériter des statues anciennes placées dans des niches construites exprès pour les mettre en valeur.

2. Une personne vit des revenus que lui rapporte un portefeuille d'actions.

3. Une personne possède un terrain dans lequel se trouvent de beaux filons de marbre. Elle passe un contrat avec un entrepreneur pour lui donner le droit d'extraire ces blocs de marbre.

4. M. Gadget est un inventeur génial. Il brevète sa dernière trouvaille : une machine révolutionnaire qui coupe les cheveux en quatre.

SOLUTIONS

1. Le testament concerne plusieurs catégories de biens : un immeuble par nature (la maison et le terrain sur lequel elle est construite) ainsi que des meubles corporels par nature (les œuvres d'art, que l'on considère mobiles : tableaux, statues simplement posées, vases...). Il subsiste une difficulté : les statues placées dans des niches spécifiquement construites pour elles sont-elles des meubles (auquel cas elles reviennent à la sœur) ou des immeubles (auquel cas elles reviennent au frère). La question n'est pas tranchée et relève d'une appréciation de fait laissée au juge. Soit il s'agit d'immeubles par destination, car elles ne sont pas détachables du bâtiment sans qu'elles-mêmes ou ce dernier ne soit abîmé. On parle dans ce cas d'immeuble par destination. Soit il s'agit de meubles, non liés au bâtiment. Ici, même si les niches ont été aménagées pour recevoir les statues, il semble plausible que ces dernières soient considérées comme des meubles car elles n'y sont pas scellées.

2. Il s'agit d'actions de sociétés. Ce sont des meubles par détermination de la loi, qui sont incorporels.

3. Le terrain est un immeuble par nature, sur lequel une personne a un droit de propriété. Par contre, elle concède un droit personnel à l'entrepreneur pour qu'il exploite les blocs de marbre. L'entrepreneur devient alors propriétaire de ce marbre qui est considéré comme un meuble corporel par anticipation, même s'il n'est pas encore détaché du sol.

4. M. Gadget a un droit sur un meuble incorporel par détermination de la loi : le brevet d'invention. C'est un exemple de propriété industrielle.

CAS PRATIQUE

M. et Mme Smith ont un enfant unique. Cette fille a maintenant grandi et part démarrer ses études à la faculté de droit de la ville voisine. Ils possèdent un appartement qu'ils occupent, ainsi qu'un autre qui est en location et dont ils comptent sur les revenus des loyers pour compléter leur retraite. Ils souhaitent anticiper leur succession et commencer à transférer tout ou partie de leurs actifs à leur enfant. Que pouvez-vous leur conseiller ?

SOLUTION

Ils souhaitent commencer à transférer leurs biens immobiliers à leur fille, par anticipation sur leur succession. L'avantage en est essentiellement fiscal, puisqu'en étalant ainsi ces donations, ils bénéficient au maximum des exonérations sur les donations faites aux enfants de leur vivant.

Par contre, ils veulent aussi conserver la jouissance de l'appartement qu'ils occupent ainsi que continuer à percevoir les revenus de l'appartement qu'ils mettent en location, même si la propriété de ces biens est transférée dès maintenant à leur fille.

On peut leur conseiller d'organiser un démembrement de la propriété sur ces deux biens immobiliers, en étalant l'opération en deux étapes (un appartement après l'autre) afin de profiter au maximum des abattements fiscaux. Dans l'acte de donation, fait par acte authentique devant notaire, ils conservent l'usufruit des appartements, ce qui leur permet de continuer à y habiter (usus) et d'en percevoir les loyers (fructus). Par contre, leur fille en devient nue-propriétaire : elle n'a qu'une partie de la propriété (l'abusus). Par contre, au décès de ses parents et lors de l'ouverture de la succession, elle récupérera intégralement et sans formalités particulières la pleine propriété en retrouvant l'usus et le fructus qui seront transmis par ses parents disparus. La nue-propriété ayant été transmise par anticipation, elle n'aura pas à payer de droits de succession sur ces deux biens immobiliers.

Fiche 24
Les droits sur les personnes : droits personnels

1. Notion de droit personnel
2. Caractéristiques des droits personnels
3. Caractéristiques communes aux droits réels et aux droits personnels

- **Objectif :** Comprendre ce qu'est un droit personnel et savoir le distinguer d'un droit réel. Connaître ses caractéristiques
- **Prérequis :** Fiches 19, 21, 22, 23
- **Mots-clefs :** Débiteur ; créancier ; obligation ; prescription

Le droit personnel est la possibilité reconnue par le droit d'exiger quelque chose d'autrui.

1. Notion de droit personnel

A. Principe et vocabulaire

Les droits personnels sont ceux qui lient deux personnes entre elles. Celui qui bénéficie du droit s'appelle le **créancier**. Le droit est à l'actif de son patrimoine. Celui qui supporte l'obligation créée par le droit s'appelle le **débiteur.** L'obligation est au passif de son patrimoine. C'est pour cela que l'on désigne la branche du droit qui traite des droits personnels comme étant le droit des obligations. Il s'agit de la même chose, vue sous deux aspects différents : les obligations (côté de celui qui doit) et les droits (côté de celui qui reçoit).

Une **créance** est alors le droit personnel vu du côté du créancier : ce qu'il peut exiger du débiteur. La **dette** est le même droit personnel vu du côté du débiteur : ce qu'il doit au créancier.

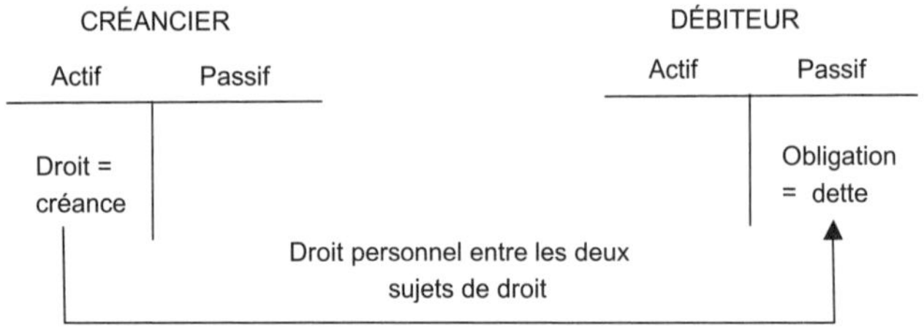

L'obligation peut être **unilatérale**, comme dans l'exemple ci-dessus. Cela signifie qu'il n'y a, dans l'obligation, qu'un seul créancier et un seul débiteur. Le droit personnel lie deux personnes, mais dans un seul sens. C'est le cas, par exemple, d'une donation qui est le contrat par lequel le donateur (débiteur) transfère la propriété de certains biens au donataire (créancier). Celui qui reçoit la donation est uniquement créancier et n'a aucune dette envers le donateur.

L'obligation peut aussi être **synallagmatique**. Dans ce cas, le droit personnel lie aussi deux personnes, mais dans les deux sens. Créancier et débiteur sont liés par deux obligations croisées, qui se superposent et sont indissociables. C'est le cas, par exemple, d'un contrat de vente. Le vendeur est débiteur de l'obligation de transférer la propriété de la chose vendue (qui est différente de la livraison. Le contrat peut aussi prévoir des modalités de livraison particulières), l'acheteur est créancier de cette obligation. À l'inverse, le vendeur est créancier de l'obligation du paiement du prix, dont l'acheteur est débiteur.

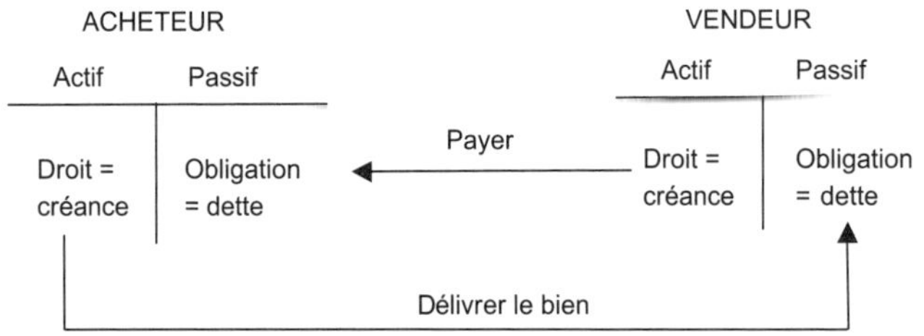

B. Source des droits personnels

Un droit personnel, ou une obligation, peut avoir trois origines :

- Il peut être **imposé par la loi**, en réalité par toute règle de droit, législative ou non. C'est le cas, par exemple, des obligations fiscales. La loi de finance votée par le Parlement définit les impôts et précise leur mode de calcul. Tout citoyen rentrant dans la catégorie créée par un impôt particulier en est automatiquement débiteur.
- Il peut être créé par la **volonté de celui qui s'engage**. C'est le cas des obligations unilatérales comme la donation ou le testament. C'est aussi le

cas des contrats, manifestations de volonté de deux ou plusieurs parties dont l'objectif est de se créer des obligations.

- Il peut être créé **involontairement**. C'est ce que l'on appelle les obligations délictuelles ou extra-contractuelles, dont l'objectif est d'indemniser les dommages que l'on cause. Ces obligations forment le droit de la responsabilité délictuelle ou extracontractuelle. Le mot délictuel n'a, ici, aucun rapport avec le droit pénal. Il signifie que l'obligation dont un individu est débiteur a été créée alors qu'il ne l'a pas voulu. Celui qui cause un dommage en dehors d'un contrat peut, selon différentes situations créés par la loi, être débiteur de l'obligation d'indemniser la victime de ce dommage. Il existe même des situations où une personne peut être débitrice de l'obligation d'indemniser une victime alors qu'elle n'est pas l'auteur du dommage. C'est ce que l'on appelle la responsabilité du fait d'autrui, dont un exemple est donné par la responsabilité des parents pour les dommages causés par leurs enfants.

C. L'objet du droit personnel

Le droit personnel a pour objectif de créer des obligations de faire, de ne pas faire ou de donner.

Les deux premières correspondent à des comportements ou à des interdictions de comportement. Un contrat de transport, prestation de service, comporte une **obligation de faire** : transporter la marchandise à destination, dans les délais et en bon état. Une clause de non-concurrence dans un contrat de travail comporte une **obligation de ne pas faire** : on s'interdit d'exercer, pendant un certain temps et sur une certaine zone géographique, une activité concurrençant son ancien employeur après la fin de son contrat de travail.

L'obligation de donner consiste à transférer la propriété d'un bien. C'est l'obligation dont est débiteur le vendeur dans un contrat de vente et qui se manifestera par la délivrance du bien, qui est sa mise à disposition de l'acheteur.

2. Caractéristiques des droits personnels

A. Liberté de création

Les droits personnels **existent en nombre illimité**, à la différence des droits réels. Ils peuvent être créés aussi bien par la loi que par la volonté des parties. Ainsi, à côté des droits personnels listés par un texte de droit objectif, la pratique contractuelle permet d'inventer toutes sortes d'obligations qui ne sont pas codifiées et dont le contenu est élaboré par la négociation entre les parties. La seule limite à l'imagination des contractants est l'ordre public, qu'il leur est interdit de transgresser, et les bonnes mœurs.

Il existe ainsi des contrats fortement encadrés par la loi, que l'on appelle les **contrats nommés**: la vente, le bail à usage d'habitation, le mandat... Il existe aussi des contrats issus de la seule pratique. Le contrat de prestation logistique en est un exemple: il ne s'agit pas d'un contrat de transport, qui est réglementé par des textes spécifiques. Il englobe des prestations de déplacement de la marchandise, d'entreposage, éventuellement d'emballage ou déballage... Il ne correspond à aucun contrat nommé ayant une réglementation particulière. Aucun texte ne le prévoit ni ne l'encadre. Il est parfaitement légal et sera soumis au droit des contrats classique, il sera analysé comme une prestation de service.

B. Pas de droit de suite

Les droits personnels ne donnent, par définition, aucun droit sur un bien particulier. Ils ne donnent qu'un **droit de gage général sur le patrimoine du débiteur**, patrimoine dont l'actif doit être considéré globalement et non pas comme une liste de biens individualisés sur lesquels le créancier à un droit spécifique. Il est donc impossible de saisir un bien particulier ayant appartenu à son débiteur, bien qui était à l'actif de son patrimoine quand la créance a été créée mais qui a ensuite été vendu au moment où la créance devient exigible.

Supposons qu'un banquier fasse crédit à une entreprise de transport pour acheter une flotte de véhicules. Le crédit bancaire est un droit personnel, dont le banquier est créancier et le transporteur débiteur. Au moment où le banquier a octroyé le prêt, il n'a pas exigé de sûreté réelle, car il était mis en confiance par le bâtiment, propriété du transporteur, dans lequel ce dernier avait installé ses bureaux. Bien situé, il avait une valeur dans le patrimoine de ce dernier qui couvrait largement le montant de l'emprunt. Au bout de quelque temps, alors que le crédit n'est pas entièrement remboursé, les affaires du transporteur se dégradent. Il vend son siège et va s'installer, en location, dans un autre endroit. Le produit de la vente sert à régler des arriérés de salaire, des factures de gasoil en retard... Ce n'est que quelques mois plus tard que les premiers impayés se font sentir sur le crédit bancaire. Le banquier n'a aucun droit réel sur l'immeuble qui a été vendu. Il n'a qu'un droit personnel, droit de gage général sur **l'actif du transporteur au moment où il va réclamer ses impayés** et pas sur l'actif du transporteur au moment où le prêt avait été accordé.

C. Pas de droit de préférence

En outre, à la différence du droit réel, le droit personnel ne donne pas de droit de préférence. Le droit de gage général sur l'actif du débiteur signifie, outre l'absence de droit de suite, que le créancier titulaire d'un droit personnel va entrer en concurrence avec tous les autres créanciers du débiteur. Si le débiteur est insolvable, c'est-à-dire que le montant de l'actif saisi en cas de défaillance du débiteur est insuffisant pour rembourser tous les créanciers, les créanciers privilégiés (par une sûreté réelle par exemple), verront leur créance remboursée en premier, dans un ordre précis. Ensuite, les autres créanciers, titulaires d'un simple droit personnel, se partageront l'actif restant. On les appelle des **créanciers chirographaires**. Ils seront remboursés, dans la limite de l'actif net disponible, « au marc le franc », c'est-à-dire proportionnellement au montant de leur créance. Par exemple, si l'actif restant après avoir désintéressé les créanciers privilégiés ne représente que 30 % de toutes des créances que réclament les créanciers chirographaires, chacun de ces derniers ne recevra que 30 % de sa créance. Le reste sera perdu.

Dans l'exemple précédent, non seulement le banquier ayant prêté à un transporteur ne pourra pas réclamer quoi ce soit ayant un rapport avec l'immeuble vendu puisqu'il n'a pas de droit de suite, mais il entrera aussi en concurrence avec tous les autres créanciers du transporteur. Si ce dernier a des dettes auprès de nombreux fournisseurs et que son actif a fortement diminué, le banquier ne récupérera pas la totalité de sa créance en cas de liquidation judiciaire du transporteur. Uniquement parce que, dans cet exemple, il est seulement titulaire d'un droit personnel et qu'il ne l'a pas assorti d'une sûreté réelle comme une hypothèque sur l'immeuble ou un gage sur le parc de véhicules.

D. Effet relatif des droits personnels

Un droit personnel n'est opposable qu'au débiteur et n'a aucun effet envers les tiers, à la différence d'un droit réel qui est opposable à tous.

3. Caractéristiques communes aux droits réels et aux droits personnels

A. Cessibles et transmissibles

Ces deux mots ne sont pas strictement synonymes.

- **Cessible** signifie que les droits réels et personnels peuvent circuler, être cédés, entre personnes vivantes (ont dit « entre vifs » dans le jargon juridique). Cette cession peut être gratuite (donation) ou onéreuse (vente). Elle concerne des droits particuliers, individualisés dans le patrimoine. Par contre, il a déjà été dit que l'indivisibilité du patrimoine interdit qu'il soit cédé en entier, actif et passif, entre vifs.

- **Transmissible** signifie que le patrimoine est transmis dans son intégralité aux héritiers de la personne lorsqu'elle décède. Ceux-ci héritent à la fois de l'actif et du passif, pris globalement. Dans le respect des règles de partage prévues par le droit des successions en cas de pluralité d'héritiers, les droits et obligations du patrimoine du défunt sont intégrés dans le patrimoine des héritiers.

B. Saisissables

Les droits réels et personnels sont à l'actif du patrimoine. Ils sont évaluables en argent. Les créanciers peuvent alors, en principe, en demander la saisie afin d'assurer l'exécution de leur créance. C'est la mise en œuvre du principe selon lequel le patrimoine est le droit de gage général des créanciers.

CAS PRATIQUE

Mme Durand souhaite vendre un appartement dont elle est propriétaire. Elle donne mandat à une agence immobilière, la société Immoplus, pour que cette dernière trouve un acquéreur et s'occupe des démarches commerciales et juridiques nécessaires à cette vente. Quelques semaines plus tard, l'agence immobilière lui présente un acquéreur qui est intéressé. Après avoir négocié le prix, Mme Durand et M. Dupuis, l'acquéreur, vont chez le notaire pour signer l'acte authentique de vente. M. Dupuis repart avec les clefs.

Question 1 : dans cette situation, identifiez les droits réels et les droits personnels. Indiquez quels sont les droits et obligations de chaque protagoniste.

Pour effectuer cette acquisition, M. Dupuis a obtenu un crédit bancaire d'un montant de 140 000 € auprès du Crédit régional. La banque lui a accordé ce prêt sans difficulté en raison de son salaire important. Elle a aussi tenu compte du fait que M. Dupuis a un portefeuille boursier important détenu chez elle, pour un montant de 50 000 €. M. Dupuis est aussi propriétaire d'une résidence secondaire à la montagne. Pour acheter cette résidence secondaire, il n'a pas encore fini de rembourser un emprunt contracté dans une autre banque, le Crédit Grossou. Ce dernier établissement, plus prudent que le Crédit régional, a pris une hypothèque sur l'immeuble financé par le crédit qu'il a accordé.

Au bout de quelques années, M. Dupuis perd son emploi. Il doit encore 90 000 € au Crédit régional et 40 000 € au Crédit Grossou. Pour ajouter à son malheur, une tempête boursière a fait fondre son portefeuille d'actions, qui ne vaut plus de 20 000 €. Il a vendu l'appartement dans lequel il résidait (celui acheté à Mme Durand) et a dû utiliser une partie du produit de la vente pour financer les études de ses enfants. Il ne reste plus, sur cette somme, que 10 000 €. Sa résidence secondaire, petit appartement dans un immeuble situé dans une zone à risque d'inondation de la côte Atlantique, ne vaut plus que 90 000 €. Il ne peut plus rembourser les mensualités des deux crédits. Conformément aux clauses de chacun des contrats de prêts, les banques exigent le remboursement immédiat de la totalité des sommes restant dues.

Question 2 : présentez le patrimoine de M. Dupuis. Quelles sont les possibilités pour les deux banques d'espérer le remboursement des crédits qu'elles ont accordé à M. Dupuis.

SOLUTIONS

Question 1 : Mme Durand, vendeuse de l'appartement, et M. Dupuis, l'acquéreur, sont liés par des droits personnels : le contrat de vente. Par ce contrat, Mme Durand s'engage à transférer la propriété de l'appartement à M. Dupuis, ce qui se matérialise par la remise des clefs. M. Dupuis s'engage à payer le prix.

Mme Durand est aussi liée par un droit personnel avec l'agence immobilière : le contrat de mandat. Par ce contrat, l'agence s'engage à assurer la promotion de cette vente et à rechercher activement un acquéreur ainsi qu'à gérer la partie administrative de la vente. Mme Dupuis s'engage à payer le prix de ce service.

L'objet du contrat de vente entre Mme Durand et M. Dupuis, droit personnel, est de transférer la propriété de l'appartement du vendeur vers l'acquéreur. Il a y un droit réel de Mme Durand sur l'appartement qui, après le contrat de vente, sera de M. Dupuis sur l'appartement.

Question 2 :

L'actif du patrimoine de M. Dupuis lors de la situation décrite dans l'énoncé est composé de :

- son portefeuille boursier. Valeur estimée à l'instant considéré : 20 000 €
- l'argent restant suite à la vente de l'appartement qui constituait son logement : 10 000 €
- la résidence secondaire : 90 000 €

Soit un total de 120 000 €. Nous négligeons les autres éléments qui pourraient se trouver à l'actif (somme sur le compte courant, meubles...)

Le passif du patrimoine de M. Dupuis lors de la situation décrite dans l'énoncé est composé de :

- Le montant restant à rembourser au Crédit régional : 90 000 €
- Le montant restant à rembourser au Crédit Grossou : 40 000 €

Soit un total de 130 000 €. Nous négligeons d'éventuelles dettes fiscales ou autre...

M. Dupuis a cessé de rembourser les mensualités qu'il doit aux deux banques. Celles-ci ont un droit personnel sur M. Dupuis : elles sont créancières de 90 000 € pour le Crédit régional et de 40 000 € pour le crédit Grossou. L'actif de son patrimoine au moment où les banques exigent le remboursement est inférieur au passif : il n'a plus assez d'argent et de biens pour rembourser les dettes.

La question est alors, pour les banques, de savoir laquelle supporte le risque de voir sa créance non remboursée en raison de l'insuffisance d'actif. Le Crédit régional a uniquement un droit personnel sur M. Dupuis et n'a pas assorti son prêt d'une sûreté réelle. Il ne bénéficie donc ni du droit de préférence ni du droit de suite. Au contraire, le Crédit Grossou a eu la prudence d'imposer une hypothèque sur le bien immobilier financé par son crédit. Il s'agit d'une sûreté qui confère à son bénéficiaire un droit réel : l'hypothèque du Crédit Grossou lui donne un droit de préférence et un droit de suite sur la résidence secondaire. Il est un créancier privilégié.

C'est le droit de préférence qui est utile ici : Grossou est prioritaire pour se faire rembourser la dette de 40 000 € sur le prix de vente de la résidence secondaire. Ensuite, l'actif restant à M. Dupuis sera de 80 000 € : 20 000 € de portefeuille boursier, 10 000 € de liquidités et 50 000 € restant de la vente de la résidence secondaire une fois que le Crédit Grossou sera remboursé. Le Crédit régional a uniquement un droit personnel, le droit de gage général sur l'actif du patrimoine de M. Dupuis. Comme il ne reste que 80 000 €, une fois que les créanciers privilégiés ont été remboursés, le crédit régional a le risque de ne pas récupérer les 90 000 € que lui doit encore M. Dupuis. D'autant plus que cette banque entrera en concurrence avec d'autres créanciers éventuels qui ne seraient pas privilégiés non plus.

RÉVISION - FICHES 19 À 24 - QCM

	VRAI	FAUX
1. Un nourrisson a la même personnalité juridique qu'un adulte	☐	☐
2. La capacité juridique est une notion strictement synonyme de la personnalité juridique	☐	☐
3. Une personne morale a systématiquement et sans aucune formalité la personnalité juridique dès lors qu'elle est conforme à la loi	☐	☐
4. La dissolution est équivalente à la peine de mort pour les personnes morales	☐	☐
5. L'incapacité de jouissance est la possibilité d'avoir un droit mais de ne pas pouvoir s'en servir directement	☐	☐
6. Le patrimoine, c'est uniquement l'ensemble des biens et droits que possède une personne	☐	☐
7. Un droit réel est un droit qui existe vraiment car il est reconnu par une règle du droit objectif	☐	☐
8. Le contrat de vente d'une maison est un droit réel car il s'agit de vendre une chose	☐	☐
9. Un brevet est un droit que l'on retrouve dans le patrimoine d'une personne	☐	☐
10. Une création immatérielle comme une chanson est protégée par un droit uniquement extrapatrimonial	☐	☐
11. Le créancier titulaire d'un droit personnel peut saisir n'importe quel bien dans le patrimoine de son débiteur en cas de non-paiement	☐	☐
12. Un droit réel confère à son détenteur le droit de suite et le droit de préférence	☐	☐
13. Un droit personnel confère à son détenteur le droit de suite et le droit de préférence	☐	☐

Solutions

1 V; 2 F; 3 F; 4 V; 5 F (c'est l'incapacité d'exercice) ; 6 F (il comprend aussi l'actif) ; 7 F ; 8 F ; 9 V ; 10 F (aspect patrimonial et extrapatrimonial de la propriété intellectuelle) ; 11 V (droit de gage général, sauf les biens protégés par une sûreté réelle) ; 12 V ; 13 F.

Conseils bibliographiques

1. Ouvrages d'introduction et de complément

- Gérard Cornu, *Vocabulaire juridique*, PUF
- Serge Guinchard et Thierry Debard, *Lexique des termes juridiques*, Dalloz
- Sophie Druffin-Bricca, *Introduction générale au droit*, Gualino, collection Les Carrés
- Patrick Courbe et Jean Sylvestre Berger, *Introduction générale au droit*, Dalloz, collection Mementos

2. Ouvrages de référence, pour approfondir

- Henri Roland et Laurent Boyer, *Introduction au droit*, Litec
- Philippe Malinvaud, *Introduction à l'étude du droit*, LexisNexis
- Jean-Luc Aubert et Éric Savaux, *Introduction au droit et thèmes fondamentaux du droit civil*, Sirey

3. Consultation des textes et de la jurisprudence

- Les codes et la jurisprudence principale sont consultables gratuitement en ligne. L'intérêt de ce site est de pouvoir être certain d'avoir le texte à jour à la date de consultation. En effet, la multiplication de textes, parfois dans la précipitation, rend la consultation de codes papier périlleuse. www.legifrance.gouv.fr
- Dalloz et Litec éditent des codes annotés qui sont intéressants car ils donnent les références et les points essentiels des jurisprudences qui précisent et complètent les règles de droit.

Index

Les chiffres renvoient aux numéros de fiches.

Imprimé en Italie par «La Tipografica Varese Srl» Varese